智元微库
OPEN MIND

成 长 也 是 一 种 美 好

亚马逊六页纸

如何**高效**开会、写作、**完成工作**

张璐　著

人民邮电出版社

北京

图书在版编目（CIP）数据

亚马逊六页纸：如何高效开会、写作、完成工作 /
张璐著 . -- 北京：人民邮电出版社，2024. -- ISBN
978-7-115-64813-6

Ⅰ．B026-49

中国国家版本馆 CIP 数据核字第 2024LH0766 号

◆　　著　张　璐
　　责任编辑　王铎霖
　　责任印制　周昇亮

◆ 人民邮电出版社出版发行　　北京市丰台区成寿寺路 11 号
　邮编 100164　　电子邮件 315@ptpress.com.cn
　网址 https://www.ptpress.com.cn
　北京天宇星印刷厂印刷

◆ 开本：880×1230　1/32
　印张：8　　　　　　　　　　2024 年 10 月第 1 版
　字数：160 千字　　　　　　　2025 年 2 月北京第 6 次印刷

定　价：69.80 元（附小册子）
读者服务热线：（010）67630125　印装质量热线：（010）81055316
反盗版热线：（010）81055315

良好的书面沟通能力
是职场成功的基石

沟通是所有人的痛

如果有一天，我们的工作都被机器替代了，未来人回想现在我们的协作方式该有多么可悲啊：

一个人得将思想编码成语言，用喉咙发出声波，通过空气传播，另一个人用耳朵里的鼓膜接收，再将语言转化成自己的理解。抛开每秒只传输几个字节这个龟速不谈，任何一步都可能导致信息的丢失。

因此，在员工数量众多的公司，沟通和协作永远是老大难问题。

这就是为什么有些人会在办公室里咆哮：我都说了多少遍了，你为什么理解不了？

而互联网传递信息则有明显优势。

1. 量大速快。我们目前常享用的网络传输速度达到 5~10M 每秒，相当于每秒传送一本《资治通鉴》的信息量。

2. 准确一致。信息传递一字不差，极少有纰漏。同一份数据传递给多个目标，也不会有差异。

这也是为什么有些技术人员宁愿与机器协作，也不愿意面对复杂的人际沟通。

写作是大组织最高效的沟通方式

我有一个有意思的观察：随着企业规模的增长，几乎所有经营要素都能获得更大的竞争优势，比如成本、供应商议价权、客户信任等；唯独人员规模的扩大会带来效率的边际递减。因为人与人之间的协作难度会随着组织规模的扩大呈几何级数增长。

有没有办法破除魔咒，让大组织尽可能高效地协作呢？

有的。

其中一个法宝，就是在公司推广写作，以书面文档作为主要的沟通媒介。

有人会说：这不是自找麻烦吗？明明两三句话就能说清楚的事情，为什么偏要写文档呢？

因为书面沟通解决了口头沟通的三大问题：容易误解、难以追溯、思考深度不足。这是人类工业社会中极有价值的工具。

书面沟通助力公司及个人发展

站在公司角度，书面沟通可以全面提升组织效率，具体有以下几点。

1. 提升信息的质量。

整理过会议纪要的人都知道，大多数人口头即兴发言是很啰唆的，还有可能漏洞百出。采取写作的形式会促使表达者深度思考，发现自己的逻辑问题，反复修改，形成精简的、论点论据清楚的文档。

2. 提升传播的效率。

美团公司从 2018 年开始倡导"猛学亚马逊，苦练基本功"，这一策略的核心就是推动文档化，确保沟通的效率。现在，美团公司的员工早已习惯，被问到任何问题，都是"一个文档丢回去"。一个好文档一旦生成，能节约所有人大量时间。写文档的人不再需要三番五次、苦口婆心地讲同样的内容；而看文档的人也可以快速浏览精要，直达自己需要的信息。

3. 便于追溯。

信息时代，数字化是企业发展的必选项。商业文档其实是企业管理的数字化。现在市场上已经有了很多企业内网文档管理工具，这些工具让一切行为都可追溯，对于权限管理、价值创造分析、信息安全等有很强的实用意义。

站在个人角度，高效的书面沟通保障了职业发展和生活秩序，具体表现在以下几个方面。

1. 写作是职场人晋升加薪的敲门砖。

我们在职场经常听到这样的声音："为什么晋升的总是那些说得比做得好的人，被遗忘的总是踏实干活的人？"

还是因为沟通太重要了。没人能知道那些没被沟通的事。书面沟通不仅能对日常工作起到积极的推进作用，还能让上级、客户理解你的价值。

2. 在日常生活中，文档既是生活的帮手，也是思想的照片。

职场的文档训练启发了我，我也养成了在生活中书面记录事情的习惯。

首先，书面记录能帮助我们把生活管理得井井有条。无论是妈妈的吃药规则，孩子的兴趣班情况，婚礼、装修的项目管理，还是家庭理财的收益分析，只要是需要多人协同或长周期关注的，书面记录都能提升效率。

其次，文档是思想的照片。肖像是外貌在时间长河里的一个切片，而文档则是思想在成长过程中的一个切片。我常常把见闻和认知写下来，与人交流的同时，也是思想的记录。每每翻回过往的思想，能指出当时自己的错漏局限，就是自己成长的标志。

大企业不会主动透露他们提高效率的秘密，因此内部的书面化培训都是不对外的。我一直在市面上寻找能帮助普通人提升自己写作和思考能力的书，直到我读到《亚马逊六页纸：如何高效开会、写作、完成工作》。它深入浅出地教你将亚马逊公司的文档写作精髓应用在最常见的工作场景里。学透它，一定会对你的职业乃至生活大有裨益。

魏方翌
前美团人力资源总监

看长期，拉开人与人
差距的是基本功

我接触过几千位职场人和创业者，也一直在思考，到底是什么因素拉开了人与人之间的差距。见的人多了，我会越来越有这样的感觉：

如果我们看短期，拉开人与人之间差距的是知识；但是，如果我们看长期，拉开人与人之间差距的是基本功。

《亚马逊六页纸：如何高效开会、写作、完成工作》这本书所讲的，其实是关于文字表达的基本功。

不过，真正意识到这一点很难，在意识到之前，我们总是会本能地更关注知识而忽视基本功。

在我第一次创业时，就特别注重公司内的分享和对团队小伙伴的培养。在有人总结出了好的工作方法时，我会安排公司内分享，在项目取得了突出成绩时也会安排分享。我也会要求每位管理者"永远解释清楚为什么"。

有一段时间，我不知天高地厚地对小伙伴们说，我这里会是他们经历过的所有公司中，给他们带来成长最快的。

后来，因为各种原因，小伙伴们陆续离开。

大多数小伙伴在离开后，也的确纷纷表达：还是在我这里成长快呀，到了新的公司，在做的事儿基本上只是在我这里学到的工作方法的子集。

直到有几位小伙伴去了美团公司，和他们再聚时，能明显感知到他们在美团公司工作一两年的成长和变化，远比在我这里工作的一两年更大。

我问这几位小伙伴：为什么在美团公司成长这么快？

他们说：主要就是"苦练基本功"。此前在我这里，他们成长得也很快，不过，我教给他们的主要是增长的方法、做业务的思考框架，但是美团公司教给他们的，更多的是基本功。

什么是基本功呢？

一位小伙伴说得很直接：其实就是"听说读写"，怎么吸收信息、怎么表达。

他在加入美团公司时，已经有了几年的工作经验，但是入职的头几个月，他的上司几乎会逐句修改他的每个重要文档，并告诉他为什么要这么改。

这几个月的时间，其实就是在规范他的表达。

都说美团是个很重方法论的公司，基本功就是让方法们诞生的方法。

后来，美团公司开始猛学亚马逊公司，我相信，原因之一就是美团公司发现创业历史更悠久的亚马逊公司的那些方法，是优于美团公司摸索出来的方法的。

这些方法中，位于核心位置的就是"六页纸"。

遗憾的是，在与很多职场人和企业家的交流过程中，大多数人很容易看到美团公司的成功，却并不了解亚马逊公司，也并不能理解已经很成功的美团为什么要向亚马逊学习。

我自己在接触过大量的美团人，也接触了不少亚马逊人之后，能感知到亚马逊公司的方法论明显完备程度更强。

比如：很多企业追求效率时，就很难再保证创新能力。亚马逊公司其实实现了效率与创新之间的平衡。甚至，亚马逊公司的业务已经超出了一个常见的互联网公司的边界——不仅仅有互联网，还有市场占有率领先的亚马逊云，甚至其 Kindle 这样的硬件，也都取得了不错的成绩。

帮助亚马逊取得这些成绩的，是亚马逊人。而这些亚马逊人的能力，正来自亚马逊公司对他们的长期训练。

像"六页纸"，从表面看，是写作和表达的规范与技巧。但其培养员工写作和表达能力背后，其实也在训练和帮助他们建立思维的框架。

我自己在职业发展的早期，并没有刻意训练过表达。后来在创业时，不得不表达、不得不让自己更有效地影响团队，我才开始有表达的意识。其实回头看来，表达能力提升得太晚，让自己多踩了好多"坑"。所有的基本功都是如此，如果早期解决不好，后面总要补课。

我看到张璐兄这本《亚马逊六页纸：如何高效开会、写作、完成工作》，书中讲到复盘、面试、主动沟通等方法和技巧，回顾自己在职场中合作过的人，发现每一位发展更好的人，他们身上都有不少这本书里描述的沟通技巧和职业习惯。

如果在职业发展的早期，能够阅读到这样一本书，得知完整的方法并意识到其价值，相信每位职场人都会获得很大帮助。

在练习基本功时，张璐兄的这本书像是一根拐杖，可以帮助你按照亚马逊公司经过数十年时间磨炼成熟的方法，规范自己的写作和表达。

不管你处于职业发展的什么阶段，当你决定打开这本书时，我建议你阅读之外，去按照书中的方法刻意练习。基本功的提升，会为你未来的发展和成功保驾护航。

于冬琪

新浪数科前首席运营官，

"三节课"早期合伙人、战略咨询顾问

2019 年，我加入亚马逊公司。虽然此前我在苹果公司、思科公司等世界 500 强公司工作多年，但亚马逊公司的高效程度仍然让我很震惊。

首先，它的所有资源都在网上有完备的文档。哪怕刚刚入职的员工，只要想得到某些资料，都可以在内网上找到；其次，相对于其他公司，这家公司内耗最少，同事基本上都很愿意帮忙，内部分工井井有条；最后，它的写作和开会类事务非常高效。

亚马逊公司从 2018 年开始市值达到万亿美元，贝佐斯也因此成为世界首富。2023 年，亚马逊公司以 5000 多亿美元的年收入成为世界 500 强公司的第二名。

是什么让亚马逊公司具备了超强的组织能力？

答案是六页纸工作法（后文简称"六页纸"）。

有了六页纸工作法，公司各项工作井井有条，人员分工科学，沟通和开会效率极高。

有了六页纸工作法，公司制订了长期的经营计划，每季度、每月、每周都进行复盘和持续改进。

有了六页纸工作法，每个人都能各司其职，按照完善的文档有条不紊地开展工作。

六页纸工作法不只是工具，更是一种思维逻辑，是一种目标明确、开放共享、高效协作的理念，值得每家公司去掌握和运用。

在亚马逊公司工作满 3 年之后，我在 40 岁时结束了近 20 年的在大公司工作的职业生涯，开始了一段冒险之旅。

我和其他离开亚马逊公司的高管、专家和同事一起，成立了"北京六页纸文化有限公司"（以下简称"六页纸文化"），专门研究六页纸工作法，并把六页纸工作法这个工具及其底层理念，带给中国的企业和个人。从贝佐斯的底层理念开始，我们对六页纸工作法的起源、发展、应用场景，以及如何在中国企业内落地实践进行了全面剖析，并开发设计了一系列直播主题、宣讲内容和培训课程。我们举办了读书会、写作训练营和线下企业培训等活动，组织学习六页纸。在两年的时间里，六页纸吸引了几万名粉丝，组建了几千人的社群，服务了几十家企业。

从"六页纸文化"创建的第一年开始，就有出版社陆续找到我们，希望把六页纸工作法整理成书稿。

把自己的理念写成书稿并出版，当然是一件激动人心的事情，它会使我们的六页纸工作法传播得更快，更容易被读者理解。但选题立项的过程却一波三折。

把六页纸工作法写成书稿，有三种选择：一是写成面向职场人士的成功类图书，二是写成面向企业管理人员的管理类图书，三是写成研究型的学术著作。

六页纸工作法在中国还不被大众熟知，加上"年度经营计划""季度复盘"等内容更偏重于管理场景，面向的读者人群也是企业高管，所以，一开始我打算把六页纸工作法写成一本管理类图书，把过去两年 40 多万字的六页纸课程讲义等资料逐字逐句进行修订后出版。但经过与多个出版社和编辑的讨论，我发现这样做未必理想，以管理类图书的形式出版，未免过于小众。将近一年的时间，我都没有找到理想的写作角度。

虽然我在 2013 年从清华大学 MBA 毕业，算是商学科班出身，但在与很多企业客户高管交流时，仍然觉得自己的理论高度不够。于是 2023 年 9 月，我开始就读中国社会科学院与英国斯特灵大学合办的管理学博士项目，计划最少用 3 年时间，专门研究如何用六页纸工作法帮助中国企业发展。我的一名

"六页纸训练营"会员戏称我即将成为"Dr. Doc"。[①]

新事物的发展都是需要过程的，六页纸工作法要普及，一开始不能太高深，一定要"接地气"。最终，在人民邮电出版社张渝涓女士的启发和帮助下，我决定先写一本面向职场人士、受众更广、入门门槛更低的书。所以本书聚焦职场人士最关心的场景，如职业发展、计划、会议、复盘、创新、知识管理等，通过模拟这些常见且容易上手的六页纸工作法的使用场景，让更多的人能快速掌握并使用该方法，提高个人综合能力。

如何更好地阅读本书，成为职场达人？

本书共分为 6 章，分别针对职场常见的 6 个文案场景：职业发展、目标和时间管理、高效开会、新产品立项、项目复盘、知识管理。在这些场景下，你需要生成简单、实用的文档，你可以将六页纸工作法在你的日常工作中落地，并使用生成式人工智能（AIGC）迅速写出文档，把写作题变成选择题，再变成填空题和修改题，极大地提高你的工作效率。

职业发展，包括如何获得理想的工作机会、如何高效汇报工作并获得同事的认可，以及如何争取升职加薪，这是每一位职场人都需要了解的。在第 1 章，你将了解如何把六页纸工作法用作职业发展的利器，从面试入职到汇报工作、获得晋升，六页纸工作法可以帮助你实现职业生涯全周期的高速发展。

如何让上班时间变得充实而高效？管理学家德鲁克曾说，管理者最重要的工作，是管理自己，而管理自己最重要的就是**目标管理和时间管理**。在第 2 章，你将学会使用六页纸工作法

---

① 即"文档博士"或"六页纸博士"。——编者注

进行目标管理和时间管理，使用人工智能（AI）帮助自己分解任务，把复杂的项目变成一件件可执行的具体任务。在使用"在线番茄清单法"之后，你会发现，你的每一天都将变得高效而充实。

开会，是每个人在工作中都避不开的，无论你是职场小白、管理者，还是企业高管，都要参加很多会议，而会议效率低下往往让人头疼不已。第3章将介绍六页纸开会法，让你的开会效率大大提高，在职场中更有效地进行沟通和协作。

你在日常工作中会遇到各种各样的**项目**，而如何简洁地写好项目的意义和目的，获得更多资源以及更多人的支持就非常关键。我们在第4章将使用亚马逊公司的"逆向工作法"让你迅速写出一页纸的"虚拟新闻稿"，用这个工具，你不仅能做到思路清晰，让文案简单易懂，还能获得更多支持。

如何持续累积组织智慧？**复盘**。"复盘"本来是一个围棋术语，指棋手在下完一盘棋之后，再认真地重新下一遍，以思考自己哪一步下得好、哪一步有待提高。"复盘"最早在中国被联想公司引入企业管理，在西方更是被各大企业普遍采用。本书的第5章为你提供了用于复盘的工具和方法，并使用主客观原因分析、根因分析来总结经验教训，进而形成有效的行动计划，为你和你的团队累积智慧。

怎样成为一位知识管理高手？首先要刻意练习，其次要建立你的**知识库**。而使用电子文档建立自己的知识库，可以说是新时代的"卡片学习法"。第6章介绍了如何使用在线文档工具建立属于自己的知识库，无论你打算做学术研究，在自己的专业领域积累沉淀，还是想为企业打造一个信息共享的"维基百科"（网络百科全书），都能在本章中找到方法。

通过了解职场人士面临的这些问题和场景，并学会按照"发现实际问题—了解背后的思想—拿到模板和 AI 工具—直接生成案例"的顺序，迅速而高效地掌握亚马逊六页纸工作法和人工智能工具，把文档写作变成职场"开挂"的工具，你将会成为高效的职场达人。

本书写于我创办六页纸文化的第二年，这两年的创业经历和本书面世的过程可以说费尽周折，离不开很多人的帮助。

首先要感谢一直支持我的父母和其他家人对我创业的理解，尤其是我的爱人聂婧，作为两个孩子的母亲，尽管她非常辛苦，仍一直支持我创业。

其次要感谢支持"六页纸"的企业客户、合作伙伴、"读书 - 写作"的会员和广大粉丝，以及"六页纸训练营"的各位老师们，尤其是负责"六页纸训练营"运营的金可欣同学，在"六页纸文化"的视频号、公众号等平台的搭建及传播上发挥了很大作用。特别感谢清华大学的杨斌老师、"清晨领导力"的徐中老师，是你们一直以来的鼓励让我坚持到现在。

最后感谢广大支持我和"六页纸文化"的同学和朋友们，包括我在苹果、亚马逊、思科等公司的前同事，北京邮电大学、清华大学和中国社会科学院大学的老师和同学。感谢人民邮电出版社的张渝涓女士、王铎霖女士及其团队，本书经过 2 年多的打磨，终于有幸面世，实属不易。

最重要的是，感谢每一位阅读本书的读者，希望本书的内容能对你有所启发。

目录

序篇

· 1 ·

职场写作：让你脱颖而出的秘技

▶ 在职业生涯中，写作贯穿始终 ◀

> 小明是一名刚毕业的市场营销专业的学生，他非常喜欢自己所学的专业，自认为能够找到一份合适的工作。但连续面试多家公司都被拒绝，更多的时候，他的简历石沉大海。
>
> 他觉得自己的简历可能有什么问题。
>
> 于是，小明找到了一位比他高一届、已成功入职某知名企业的学长，向他请教写简历和求职的技巧。

经过学长的指点，小明发现自己的求职过程有几个问题。

一是他没有针对用人单位的具体需求修改简历，而是将同样的简历投递到了不同的公司，导致简历不符合用人单位的需求。

二是重点不突出，一股脑儿地罗列自己学习的专业课程、实习经历等信息，这样的简历很难打动面试官。学长告诉他，简历上的信息不在多而在精，要根据理想公司或目标职位的用人需求修改简历，删掉不必要的信息，使内容重点突出。

三是缺乏面试经验。面试前没有对目标公司进行充分的了解，自身准备不足，不清楚面试的常识，听不懂面试官的问题，答非所问。学长建议他先使用 STAR 四点法（参见本书第 1 章），把自己以往的经历和亮点好好梳理一遍，写一份**书面的**面试准备稿，再去参加面试。

按照学长的建议，小明针对不同公司的用人需求，重新准备了自己的简历和求职信，并写了一份面试"攻略"。经过不懈的努力，小明成功地找到了心仪的工作。

小明的例子，其实反映了职场人所需的一项基本功：职场写作能力。而职场写作能力是每个人在职业生涯中必不可少的技能。

哪些场景需要职场写作呢？职场写作能够为个人和企业带来哪些长期、重大的效益呢？

首先，让职业发展如鱼得水。

在找工作的过程中，简历和求职信是向企业展示个人能力的基础资料。写出一份重点突出、逻辑清晰的求职简历是通过招聘筛选的第一步。很多重要职位的笔试都要求写出逻辑严谨、见解深刻的文章。曾任华润集团、中粮集团董事长的宁高宁曾说："我选聘高管的方法，就是让他写一篇如何发展这个部门的文章，文章写得好，自然就表明他的思路清晰。"

进入职场后，写作更是思考和沟通的基本功，工作中的每一次写作，都是展现职业素养和智慧的机会。无论是方案策划、工作汇报还是起草合同，都需要良好的写作能力。拥有良好的写作能力，有助于个人提高沟通效率、展示专业知识和技能、增加品牌价值，更好地表现自己，使个人的职业发展如虎添翼。

无论是世界 500 强的亚马逊公司、奈飞公司，还是中国互联网著名企业，如美团、字节跳动等，都会把"写作"作为职场最重要的基本功。在它们很多岗位的面试中，都有"写作"这一项。在你需要升职加薪和获得更大的职业发展时，写一份升职请求文档的难度不亚于写论文。但这项工作又很重要，它是你的领导评估你能否升职的重要依据，如果你不会写或写不好，则很可能错失升职加薪的机会。

可以说，职场写作会贯穿你职业生涯的全周期。

其次，在日常工作中提升效率。

如今，短视频、微信充斥着我们的生活和工作，我们的工作和注意力不断地被各种信息打断，可以说，"碎片化"已经成了当代职场人工作效率最大的敌人。

放下手机，扔掉幻灯片（PPT），重新回归以文字为中心的工作方法，这在很多公司逐渐成为新的潮流。在规划日常工作时，你可以使用在线文档列好一周或一天的工作内容，减少被碎片化信息打断的次数，获得更高质量的专注时间；你也可以使用六页纸会议法，摆脱无效的会议；你可以使用文档进行结构化复盘，更加高效地进行工作汇报；你还可以使用模板化新闻稿，随时开发各种创意，为企业的发展添砖加瓦。在这些场景里，良好的写作能力，都是必不可少的。

通过日常的阅读、积累，每天写一点，并使用本书的各种工具，你可以构建自己的知识体系。如果能够发表与专业领域相关的文章、观点或研究，则更能为自己在日后成为某个领域的行业专家打下基础。

最后，在商业活动中取得成功。

对于公司的文案、策划类工作岗位来说，写文案就是本职工作，文案的好坏直接决定了企业能否取得更大的影响力；对于销售类的工作岗位，初次接触客户时，得体的推介信能给客户留下良好的第一印象；而要拿下大单、赢得客户，更需要写出符合规范的标书；作为公司的财务人员，要为公司争取到融资，一份完善的商业计划是打动投资人的前提；对于投资咨询等岗位，分析报告的写作质量，则可能直接决定企业投资决策的成败。

职场写作不仅对各种需要与外界沟通的职位用处甚大，对于个人创业同样适用。很多老板还没想清楚该怎么干，就开始干了，可能因此陷入创业陷阱，困难重重。如果你打算创业或开启一段副业，就必须写好商业策划，让它帮你厘清品牌、战略、营销等方方面面的问题，为你找到有经验的创业者和投资人给你反馈，减少很多风险，从而使自己做好充分准备。

写作能力，不仅是职业发展、商业成功的必备能力，在日常生活中也能为我们的日常沟通、网络写作、个人研究提供很多便利，可以说，写作能力是一种基础能力。

▶ 现代职场人的写作能力惨不忍睹 ◀

职场写作非常重要，但大多数人还没有掌握这项技能。

在过去的几年里，我服务了上千位职场写作的会员，发现随着短视频和即时通信的发展，各种碎片化沟通，尤其是 PPT 文化的盛行，导致很多职场人的写作能力大大退化。

为什么大多数人难以掌握职场写作呢？根据这些年的辅导经验，我总结了三个最重要的原因。

首先，不能以读者为中心。

亚马逊六页纸

如果给心仪的人写情书，却不了解对方，你的情书就无法真正打动对方。营销人员要给潜在客户写产品介绍信，如果只关注自己的推销目标和想法，不了解客户的需求和关注点，写出的产品介绍信就毫无价值。

以读者为中心，是职场写作最重要的原则。

这个原则在公司内部同样适用，我的销售团队中曾有一名成员，签订了一个大项目，但对方提出比较大的折扣。由于这名成员不了解公司财务的相关要求，写的项目申请缺乏明确的收入、利润预测，导致客户提出的折扣条件未能通过审批，最终好不容易拿下的项目因为迟迟无法通过财务审批丢掉了。可见，若不考虑公司相关部门关注的指标和重点，项目就难以推进。

乔布斯作为苹果公司的创始人，他的演讲和产品发布会都令人印象深刻。苹果公司之所以能够如此成功，一方面是因为乔布斯要求员工以用户为中心，深入了解用户的需求和期望，从而开发出让用户满意的产品；另一方面，他在演讲中也一直注重"用户视角"，他的演讲不是简单地介绍产品的功能，而是强调产品对用户生活的影响和改变。乔布斯的成功告诉我们，以用户为中心是写出有说服力的文案的基本前提。

其次，缺乏系统的逻辑思维。

职场写作存在的另一个问题是，写作者往往缺乏系统的逻辑思维和相应的落地工具。很多人认为，写好一篇文章需要的是灵感和写作技巧。事实上，写作与思考密不可分。写作就是思考，写作的过程就是思考的过程。

营销人员要为公司写一份市场计划书，如果没有市场调研、客户访谈、数据分析、营销方案、战略分析、财务预测，以及切实可行的行动计划，那么他的计划书就会缺乏合理的逻辑和可行性，很难被领导和同事认可，也就难以通过公司内部的评审。

世界首富、亚马逊公司的创始人贝佐斯在他致股东的信中强调了写作的力量。他认为，写作不只是用文字表达想法，更是一种思考方式。他鼓励员工通过写作来清晰地思考和沟通，以此提高员工的工作效率和沟通质量。

在职场写作中，我们需要充分使用系统的逻辑思维和写作工具，才能提高写作的逻辑性和效率。

最后，写得少，缺乏素材。

职场写作能力差，一个常见的原因是缺乏练习，导致缺乏写作素材，需要写作时，头脑里没有东西。不练习就不会有进步，如果你觉得自己的写作能力不够强，那就多花时间练习。

很多人虽然口头表达能力强，很能讲，但是落在纸面上往往只有寥寥数语，找不到写作的素材。在工作中需要做书面描述时，他们往往无法很好地组织文字，写出的内容缺乏说服力。

有人认为自己没有足够的时间和机会来练习写作。其实，我们日常生活中有很多机会可以用来练习写作。比如写写公众号文章、博客，哪怕只是对身边的某件事写一小段评论和感想也是好的。

这些小小的写作练习都能帮我们提高写作技巧、积累素材，进而提升我们的自信心。

写作不只是一种技能，还能帮助我们累积知识。只有不停地把看到、听到、想到的东西写下来，我们才能运用所学的知识，做到下笔如有神。

▶ 三步获取职场写作的"秘密武器" ◀

强大的写作能力，能够释放巨大的生产力。

正是因为很多人认为写作不容易，所以一旦具备了这种能力，你就能脱颖而出。那么，如何培养自己的职场写作能力呢？

第一步：多写

由于工作忙碌，一些职场人士往往把练习写作排在次要位置，认为写作只是在给领导"交差"，是不得不完成时才去做的任务。其实，只有坚持练习写作，深入理解写作逻辑和表达方法，才能取得进步。如果建立起写作习惯，你甚至会对写作上瘾。

作为"六页纸文化"的创始人，我差不多每天都要写10 ~ 20个文档，包括写文章、备课，与同事、客户、合作伙伴进行文字沟通。创业1年多，我的腾讯文档里竟然累积了3000多个文档。这些文档为我的工作和写作提供了丰富的素材，所以我自信能够在一个月的时间里写出一本10万字的书。

文档写作已经变成了我的写作习惯，而好的写作习惯也能让你的职场写作变得轻松，写作技巧不断增强。

现在就开始写作吧，哪怕每天只写一点点，你的写作能力也会有很大的进步。

第二步：多读、多搜集，用工具迅速完成初稿

在把职场写作变成自己的秘密武器的过程中，有几个元素至关重要。

首先，多借鉴他人的经验。 学习和分析优秀的商业写作作品，去感受优秀文案的写作方法和技巧。

或许你会说没有时间学习，该怎么办？一是要限制自己使用手机的时间。现代人的很多时间都被手机占据了，你可以试试把每天的手机使用时间限制在固定的范围内，强迫自己把起床后、睡前等大块时间用来阅读；二是利用零碎的时间，比如上下班的路上多读书、听书，争取达到"心流"的状态，获得专注的愉悦感和更大的成就感。

其次，在读书的过程中，要记得搜集重要的信息，并将它们整理成自己的素材。本书第 6 章中介绍了如何积累素材，你可以采用里面提到的方法，迅速积累自己的素材。

最后，借助模板和 AI 工具来辅助写作，形成写作的逻辑框架。

面对写作任务，很多人习惯在临近截止日期才动笔，每次都会感到压力巨大。我建议你试试"快速写出初稿，然后敏捷迭代"的方法。这个初稿往往可以通过本书提供的工具快速完成，主要有以下几步。

（1）**用 AI 对长文章进行提炼总结。**目前人工智能如克劳德（Claude，一款由亚马逊公司投资的生成式人工智能工具）、月之暗面（Moonshot，一款国产的生成式人工智能工具）已经可以支持阅读几十万乃至上百万字符上下文，[①]能帮你快速"读完"任何一本书。你也可以借助 AI 快速生成读后感或总结重点，甚至可以让它为你完成文献综述。

（2）**充分利用现有的写作模板。**我在本书中总结的六页纸文档模板，凝练了苹果、亚马逊、字节跳动等公司的实践经验，融合了各种逻辑框架和管理思想，能够帮你组织写作思路和内容。

---

① 各类人工智能工具发展迅速，能处理的资料体量也在不断扩大，此处以本书写作时的情况为准。——编者注

（3）**用 AI 工具生成初稿**。生成式人工智能（AIGC）能帮你迅速生成文档初稿。自从 AIGC 出现后，"写"变得简单了。

举例来说，如果你需要写一份工作报告，你可以先搜集类似的报告，借鉴它们的结构和表达方式。然后使用六页纸写作模板来设计逻辑框架。这些模板可以帮助你组织和连接各种观点，使你的文章准确、连贯、有说服力。本书已经通过总结不同场景的文档，帮你制作出了六页纸文档模板。

"六页纸训练营"学员小 X 在一家外企担任研究助理，入职的第一个月就被委以重任——撰写一份市场调研报告。他感到无从下手，不知道如何组织内容，于是寻求我们的帮助，通过使用六页纸文档模板，他迅速学习借鉴了其中的结构和表达方式，并使用 AI 工具生成了调研报告初稿，经过不断修改，小 X 最终写出了结构完整、逻辑严谨的市场调研报告。得到了领导的认可和赞赏。

使用六页纸文档模板培养自己的逻辑思维，使用 AIGC 迅速生成初稿，也是本书的主要内容。

第三步：寻求反馈，不断修改

要写出好文章，还需要寻求反馈，并不断修改。

天赋再高的运动员，也需要不断地从教练那里获得反馈，了解自己哪些地方做得好，哪些地方有待提高。如果没有教练的指导和反馈，运动员就很难达到理想的运动水平。

寻求反馈，也意味着你可以借助团队的力量，让更多的人帮助你打磨内容。

我在写这本书的过程中，有幸得到了人民邮电出版社张渝涓女士的指点，以及编辑王铎霖和我的同事金可欣、黄莹的反馈。每写完一部分，我都会第一时间寻求她们的反馈，她们会告诉我什么样的内容是读者喜闻乐见的。这让我得以在第一时间对本书的结构和内容进行修改。

寻求反馈并不断修改文稿，是提高写作技能最重要的步骤。团队的反馈能给我们提示，告诉我们有哪些做法可以改进，使我们的写作内容更准确、更有创意，同时也能提高我们沟通和表达的效率。

总结一下：多写，多读，通过 AI 工具迅速生成初稿，积极寻求反馈并进行修改，是提升职场写作能力的秘密武器。只要你不断努力，不断磨炼自己的写作能力，你的职场写作就会变得越来越轻松，甚至成为你升职加薪的利器。

· 2 ·

用六页纸模板化写作，把写作题变成填空题

　　小明刚加入公司几个月。公司决定组建正念练习社群，目的是让公司成员放松身心，调整状态，更好地投入工作。

　　作为一名新人，小明接到的任务是起草一份邀请信，号召公司成员参加这次活动。

　　小明坐在电脑前打开了一个新建文档，看着一片空白的文档，不知道该从哪里下笔。

　　他想起自己加入的"六页纸训练营"社群，便到社群里询问，如何才能用一个文档把这次活动讲明白。

　　于是，我给了他一个六页纸写作模板。

　　在写计划、总结、汇报或新闻稿时，写作模板是非常重要的武器。

　　六页纸写作的第一大利器，就是模板化。

▶ 模板化写作其实你很熟悉 ◀

从小学、中学到大学，你可能用过很多写作模板。

中小学时写记叙文，需要有"六要素"：时间、地点、人物，事情的起因、经过、结果；议论文需要包含论点、论据、论证。在高等教育阶段，写专业的论文，也有模板，一般由封面、摘要、引言、文献综述、方法论、研究结果、讨论、结论、参考文献、附录等固定部分组成。

可以说，模板化写作，大家并不陌生。

模板化写作，就是使用别人已经提炼好的文章结构进行写作。比如文章的开头、主体、结尾该怎么写，都已经有固定的模板可以用，而使用这些模板，相当于直接运用现成的结构化思维。

模板化写作能够帮我们又快又好地生成需要的文档，还能在一定程度上保证文档的质量。

▶ 借助六页纸迅速生成写作框架 ◀

一个人从上小学开始到大学毕业，要寒窗苦读十几年。我们在上学时，多少都用模板写作过。而从 20 多岁参加工作到 60 岁左右退休，很多人要工作近 40 年。可以说，人在职场中对写作的需求，可能远远高于在学校时。

然而，大部分职场人并没有接受过系统的职场写作训练，普遍缺乏系统的写作方法和模板，因此往往觉得写作是一件十分困难的事情。

那么，如何快速提升职场写作能力，让职场写作变成一件有规律可循，并且不那么困难的事情呢？

把职场写作模板化、系统化，让其成为一门简单、实操性强的技能，这正是我们创建六页纸文化的初衷。

于是，我们团队从亚马逊、奈飞、字节跳动、美团等注重职场写作的公司开始，提炼它们的写作方法论，并不断吸取其他公司的实践经验，形成了一套完整的六页纸写作模板和理论，让更多职场人迅速掌握职场写作的技能。

"六页纸"的名称来自贝佐斯。他痛恨PPT会议的低效，要求员工在开会前准备一份不超过六页的备忘录，基于这样的备忘录进行的讨论，清晰而高效，亚马逊公司也因此收益甚大。

我在2022年创办北京六页纸文化有限公司，一开始只是做亚马逊公司的叙述体写作的最佳实践分享。后来，我发现很多公司都在使用模板化商业写作，且各有千秋。通过认真研究苹果、麦肯锡、联想、飞书等公司正在使用的写作模板，并和不同公司的专家合作开发课程，我发现，不同的模板，其实融合了不同的管理思想。我们的模板兼顾了多种场景，集各家之长，可适用于不同的职场和商业场景。

我把六页纸的方法论定义为：**蕴含了管理思想的，模板化的职场和商业写作**。

在使用六页纸模板写作文档时，可以把管理思想和逻辑框架融入写作。于是在写作的过程中，也就完成了商业思考。这种工作方法，确保了文档的逻辑性，也适用于不同的公司和管理场景。

▶ 有这四个原则，不愁写不出好文 ◀

如何写一份六页纸文档呢？总体来看，六页纸文档的写作遵循四个基本原则。

｜ 原则一：以读者为中心、有目标感 ｜

这是最重要的一点，也是最难的一点。

你可能经常听到"要培养同理心或换位思考的能力"。然而大多数写作者都是从自身出发，为了表达而表达，经常忘记文档是给谁看的，目的是什么。还有很多专家型作者，喜欢堆砌专业词汇，使读者不知所云。

美团公司的写作"基本功"里有一个说法，叫作"Don't make me think"，也就是不要让读者花精力消化你写的内容。要做到这一点，有一个简单的技巧，比如写长文案，一般要在前面写摘要，或者执行大纲，就像论文前都有摘要一样。要做到让读者读完这一段就知道全文大概讲了什么，是否和自己相关，是否需要往下读。

还有一个办法，就是使用第二人称，假设对方正坐在你对面。亚马逊公司在2005年发布Prime会员业务时，贝佐斯的"致客户的一封信"就像面对老朋友一样，对着客户讲述Prime能够帮他们实现全年免运费。这种写作方法很有对象感。

自媒体创作者刘润老师就经常使用这种对话技巧，从读者的角度把问题提出来，他的语气就像和老朋友面对面说话一样。

商业写作的目的是让对方行动；营销文案的目的是让对方产生兴趣，或者促成下单；工作汇报是请求领导批准相关资源；求职信是争取通过筛选而进入面试。谨记，职场写作一定要保持目标感。

以读者为中心、有目标感，是职场写作的第一个原则。

| 原则二：逻辑严密 |

文档的目的，是高效地传递信息。好的文档结构对高效传递信息非常必要。因此要按照一定的逻辑结构来写文档。

> 写作就是思考。——《金字塔原理》

"金字塔原理"最早由麦肯锡公司整理成书，后来成了商业思考和写作的基础。在美团公司，掌握它是所有员工的基本功、必修课，《金字塔原理》本身也是其高管的必修教材。在亚马逊公司，金字塔原理是商业写作遵循的一般规则。

《金字塔原理》阐述了商业写作的基本结构和原理，基于此，大家可用以下结构展开论述。

• 结论先行（What）

有些人在向上级汇报工作时，半天说不到重点，使对方失去耐心。鉴于此，职场文案一定要让阅读者看完第一段就知道结论是什么，就能对全文有所了解。所以，结论先行非常重要，可以让读者对全文一目了然。

如果你的市场调研报告的结论是某产品在目标消费群体中具有良好的市场潜力，你可以直接写："市场调研结果表明，85%的北京市青年男性消费群体对健身产品有多样的购买需求，建议每年在该市场加大 100 万美元的投入，以期得到 300 万美元的产出。"这样的开头，可以让阅读者迅速了解你的调研结果，并进一步阅读你的调研报告。

- **说清楚原因（Why）**

明确做这件事情的目的，让阅读者有目标感。比如，从北京到上海是一件事情，但去上海是出差还是度假则是目的，决定了后面要怎么做。

出差需要快去快回，并且需要住在离客户近的商务酒店；度假则需要乘坐舒适的交通工具，最好住在旅游景点附近。目的决定了做事的方法和过程。

- **具体展开论述（How）**

展开论述时要确保条理清晰，可采用总分结构，将每个论点分开阐述，最后回答可能存在的疑问。

先把主要论点拆成分论点，比如 1，2，3……

再把分论点拆成更小的论点，比如 1.1，1.2，1.3……2.1，2.2，2.3……

像金字塔一样，从上至下展开论述，每个小论点都应该有自己的段落，这样可以使内容清晰，便于阅读者快速查找和阅读。

为确保各个论点得到充分阐述和强调，使用穷举原则（MECE）是关键。即确保所有的论点互不重叠，并且将所有相关内容都包含在内，"不重复，不遗漏"。

例如，在介绍市场潜力时，可以分别从市场需求、竞争分析和目标消费群体等方面进行阐述，确保每个论点都清晰突出，没有遗漏，且每个部分的内容又没有重复。

简单来说，就是使用**结论先行—阐述原因—展开论述**的结构。在展开论述的部分，使用总分结构，**穷举所有论点**，如此，文章的结构就基本符合金字塔原理了。

按照以上方法写出来的六页纸文档，可以让阅读者迅速了解你要传达的信息，简明扼要，逻辑严谨，相当于一篇小论文。

在日常工作中也可以灵活应用金字塔原理。作为一名职场人士，无论是写邮件、制作报告，还是进行口头汇报，都可以运用金字塔原理使信息更清晰、更有逻辑性。此外，金字塔原理还可以应用于团队会议、项目管理等工作，帮助大家更好地理解和交流。

原则三：数据驱动

我在 20 余年的职场生涯中，参加过各种各样的会议，也作为咨询顾问旁听过客户的会议，其中有高效的会议，也有低效的会议。最糟糕的一种会议，就是观点很多，却没有数据和事实的会议。

计算机行业有一句话叫作"GIGO"，英文原意是"垃圾进，垃圾出"（Garbage in，Garbage Out），用来描述错误数据所造成的不当输出。如果一个会议不是基于数据和事实进行推理和论证，而是基于情绪和观点展开，那么这个会议就可以说是无效的。更差的会议，可能沦为单纯的情绪发泄。

"就事论事，冷静客观"是六页纸文档的一大特点。无论是企业的决策性会议，还是人事会议，最重要的都应该是所提供信息的质量和数量，这些数据在亚马逊公司叫作"数据和事实"（Data and Fact）。为了方便，我们在后面简称这种方法为**数据驱动**。

六页纸文档和 PPT 最大的不同是，文档可以承载更大的信息量。根据统计发现，六页纸文档的信息量是同等页数 PPT 的 7 ~ 9 倍，可以提供更充分的数据和事实，从而让决策更有依据。这些数据包括了结论数据和过程数据，在数字化的时代，我们往往并不缺少数据，而是不知道哪些数据更有用。

我们可以把重要的、结果性的数据放在正文里，而把详细的过程数据，比如表格、原始数据等放在附件里，这样既符合穷举原则，又可以做到重点突出，让阅读者一目了然。

原则四：用词朴素

写作用词可体现文档的细节质量，商业写作的用词需遵循以下几个原则。

• 多使用肯定句

号召阅读者行动，让阅读者容易理解你想达到的状态、行动和理想的结果。

• 把最重要的信息放在前面

在文档的开头呈现最重要的信息（可参考金字塔原理）。

• 用词要简单

尽量不要使用行话和术语，第一次使用英文缩写时，要注明全称，要假设阅读者不熟悉任何行业用语和英文缩写。

- **用数据替代形容词和副词**

使用简单而清晰的语言，避免诸如"多"或"经常"之类的形容词，而要使用具体数字。

如果要使用"显著的""重大的"等词，请附百分比说明比例。

- **最后要有行动建议**

好的决策应包含接下来的行动方案，所以文档中一定要包含具体的行动计划和号召。

- **列出常见问题和附录**

六页纸文档的正文一般不超过六页，可使用附录来展示与正文相关的信息，包括引用的事实、案例来源等。如果正文有未阐述的问题，也可使用"常见问题"（Frequent Asked Questions，FAQ）来补充。

▶ 用六页纸模板写遍天下 ◀

因为在工作中会遇到不同的场景，所以六页纸文档的模板是千变万化的。为了便于说明，我先给大家展示一个通用的模板。在后面的内容中，再为大家介绍适合不同场景的模板。

一个典型的叙述体结构六页纸文档，包含六个部分和一个附加模块。

第一部分：结论先行——要做什么（What）

具体在什么背景下，要做什么（What we do）？（项目叙述）要先说结论，比如：

> 因为×××产品即将量产，我们已启动×××下一版升级产品的规划。今天开会的主题是汇报与同步目前的规划情况。

第二部分：原因——为什么要做（Why）

为什么要做，即做这件事可解决什么问题（Why we do it? What's the problem）？（项目叙述）

> ×××产品的规划基于以下考虑：
> · 解决上一代产品明显的体验问题；
> · 通过市场调研，我们发现了新的需求点；
> · 通过对用户调研，我们发现了新的痛点；
> · 竞品打算怎么做，我们要如何应对……

第三部分：做法——怎样做（How）

我们打算怎么做？和以前的做法有什么不同（How we do it）？（项目叙述）

我们给出以下解决方案：……

依赖的资源有：……

成本预估：××元

考虑项目需要消耗的人、财、物等资源，所以要做成本预估。有了成本预估，才能评估回报的价值。

第四部分：验证（Validation）

验证就是看效果，看是否创造性地解决了问题，以及如何评估项目给公司带来的好处。（项目叙述）

事前：定义验证的方法（设置对照组，明确和谁比）、效果指标口径、必要的数据收集。

事中：数据统计的方法可执行，且数据准确。

事后：数据回收、效果分析。

客观验证：可量化的数据指标。

主观验证：满意度调研，基于统计得出结论。

验证方法：合理设置对照组，进行A/B测试[1]，好坏是对比出来的。

---

[1] 一种在线营销策略，通过把用户随机分配到不同的版本（A或B）来测试哪个版本的表现更好。

第五部分：讨论、分析（Discussion/Analysis）

这一部分其实是会议记录。在会议上，大家就一份六页纸文档展开讨论，讨论不同的看法并尽量达成一致，分析局势，识别风险，讨论对策，然后列出问题，一一突破。

在列出问题的同时，要给出方案建议。

第六部分：总结（Summary）

总结，即给出结论与待办事项。（会议待办）

结论1：……// 负责人：×××

结论2：……// 负责人：×××

结论3：……// 负责人：×××

待办1：// 负责人×××，完成时间××月××日

待办2：// 负责人×××，完成时间××月××日

待办3：// 负责人×××，完成时间××月××日

附加模块：附件和常见问题

需要补充的详细信息，一般采用"附件"和"常见问题"的形式呈现。

值得一提的是，"附件"和"常见问题"是没有篇幅限制的，这使得六页纸文档可以讨论更加复杂的问题。正文不超过六页，附件可以超过六页，这种结构确保了文档的重点突出。

我们可以看到，前四个部分（结论—原因—做法—验证）以

及附件，一般需要在会议前完成，而后面两个部分（讨论、分析—总结）则作为会议纪要，需在会议过程中完成。

▶ 开始你的第一个六页纸文档 ◀

举个例子，按照六页纸文档模板，小明很快写出了"正念练习社群说明"文案。下面是小明根据以上模板写的六页纸文档。

正念练习社群说明

一、建立正念练习社群的背景

正念练习给我的帮助很大，我练习了 1 年多，变得更加专注了。我的初心是用我擅长的，同时也是我在实践的方法帮助大家。

二、正念练习可以解决什么问题

1.让你的内心更加宁静和柔和。

2.提升专注力，使你在工作和学习上更容易聚焦。

3.提升你的觉察力，改善人际关系。

4.有助于你成为一个高能量的人。

三、具体怎么做

建立社群，每天早上推送一个正念练习的音（视）频内容，练习完发接龙。以 21 天为一期，结束后，根据情况确定第二期的时间。

四、如何验证练习的有效性

1.进阶人数（参与第一期且愿意进阶下一期的人数）。

2.实际练习者的反馈，他们在工作、生活方面的感受变化。

3.练习者是否愿意邀请朋友参加练习。

五、常见问题（FAQ）

问题 1：小明有能力带领我们练习吗？

答：正念练习是一种效果滞后的练习，小明练习了 1 年多，建立这个社群主要为了营造一种学习的氛围。

问题 2：必须每天都打卡练习吗？

答：不是必须，不方便时可以暂停，方便时就浏览群里的消息，跟着练习就可以了。

问题 3：我觉得群里的音（视）频不好，可以不跟着练习吗？

答：可以。这些音（视）频只是一种辅助工具，目的是锻炼专注力，你可以根据自己的喜好找素材练习，只要有助于达成这个目标即可。

问题 4：如果我在群里感觉不舒服，可以退群吗？

答：你随时可以退群，把自己内心的感受放在第一位。感觉不舒服或想退群时，想一想自己内心的感受和期待是什么，给自己一次和自己对话的机会。

问题 5：做正念练习时老走神怎么办？

答：没关系，觉察到自己走神，也是一种进步，把思绪拉回来继续练习即可。

同事们看到清晰明了的"正念练习社群说明"后纷纷报名。

· 3 ·

用 AIGC 一键生成商业文案，成为职场超人

▶ 写作速度慢、写作质量低怎么办 ◀

我曾应邀为一家软件公司提供六页纸写作培训。这家企业拥有 1000 多名员工，刚开始使用在线文档工具，之前进行汇报和开会都是使用 PPT，所以当时公司内部的 PPT 文化还很浓。这家公司的首席执行官（CEO）希望用两年时间使员工慢慢习惯于使用六页纸文档。

有一位部门经理在参加完六页纸文档写作培训后，请我辅导其部门的一位学员老白写产品文案。老白是产品经理，按理说，产品经理需要写很多产品文档，是一个需要高频写作的职位。我认为他的写作能力应该不差。

然而，看完他写的文案，我非常惊讶。

老白的文案里充满了普通人看不懂的专业词汇，还有些"拉通""对齐"之类的互联网俗话，并在很多地方用图表替代文字说明。我和他一起看了半天，发现他最大的问题是把"短语"当

成句子，主谓宾不全，或者在同一个句子里出现主语切换等问题……他的文案看起来是一篇文档，实际上还是PPT。

如果把职场写作比喻成人体，六页纸模板就是帮助你迅速生成文档"骨架"的工具。遣词造句，则是文档的"血肉"。

掌握模板很容易，只要从书中或互联网上找到相应场景的模板并运用起来就可以了。写出丰富的内容，却是一个非常大的挑战。我的学员中，大多数人都认为遣词造句是最难的。

原来，大家经过几年、十几年的工作，习惯了使用PPT，写作能力已大大退化，往往刚听完课时很兴奋，以为自己掌握了方法，但到了写作环节，就是写不出来。这甚至让我一度怀疑，六页纸写作培训是否真的有效。

这一切，在2023年年初发生了变化，那源自AIGC的爆发式发展。

▶ 用AIGC快速遣词造句 ◀

AIGC的核心是生成模型。这个模型其实非常简单，就是依据前两个字生成第三个字，根据前三个字生成第四个字……以此类推，通过不断学习语料，提高输出内容的质量和多样性。

AIGC可以应用于多个领域。

文本生成： 通过使用AIGC来模拟文本的语言特征并生成全新的文本内容。这项技术在自动生成文章、翻译、智能客服、智能问答等方面得到广泛应用。

音乐生成： 通过学习大量的音乐作品，生成具有相似风格和和弦进程的新的音乐作品。这项技术可以用于音乐创作、游戏音乐制作和电影配乐等。

图像生成： 利用深度神经网络学习，通过输入的图像生成全新的图像。这项技术可以用于图像合成、图像风格转换和动画制作。

视频生成： 通过学习大量的视频数据，以及对物体、场景、音乐、镜头等元素的理解，生成全新的视频内容。这项技术可以用于动画电影、虚拟现实、增强现实等内容制作。

代码生成： AIGC 可以通过学习大量程序，生成全新的程序，帮助程序开发人员快速完成新的游戏关卡、角色、剧情等的设定。

可以说，AIGC 的应用领域十分广泛，可以帮助人们用数据快速生成全新的内容，提高各行各业的效率和创造力。

在本书中，我们主要讨论 AIGC 的文本生成功能在职场和商业写作中的应用。

经过半年多的研究和教学实践，我发现，把六页纸写作法与 AIGC 这两个工具用好，就能够又快又好地写出适用于不同场景的文档。

下面，我就为大家介绍如何用 AIGC 进行六页纸写作。同时，这本书也会大量使用 AIGC 的指令（prompt，又译作"提示词"）。这样，你不仅可以掌握六页纸写作的思维和模板，而且可以马上使用指令生成六页纸文档。

▶ 用 AI 辅助写作，成为职场高手 ◀

职场"卷王"的故事

在为某互联网公司做项目时，我在用户的工作群里发现了一个很有意思的名字，"卷王"。我很好奇，什么样的人会让同事叫自己"卷王"？于是我就和"卷王"私聊，发现她写作业（六页纸文档）的速度特别快，别的同事还在打草稿，她已经写完交上来了。

"卷王"是一位性格温柔的女生，被人称为"卷王"，并不是因为在职场中真的很"卷"，而是因为在文档写作方面非常高产。

写文档速度快，当然会让一个人在以文档写作为主要工作的岗位上脱颖而出。而她之所以写作速度快，是因为她是 AIGC 的第一批使用者。能否很好地运用 AIGC，已经成为能否在未来职场拥有核心竞争力的关键要素之一。

2022 年 11 月，ChatGPT 3.5 发布，它拥有像人一样的对话能力，其理解能力基本上达到了大学本科毕业生的水平，一时间，人工智能即将取代大量白领工作、人工智能威胁论等说法不绝于耳。2023 年，很多公司直接用人工智能替代了某些岗位的人工。

不过非常可惜，这么强大的文本生成工具，大多数人还没有使用过，而使用过的人也大多只用它做简单的问答，只有极少数人真正具备用 AIGC 写文本的能力，可以说 AIGC 的功能还远远没有被充分利用。

四种常见的 AIGC

市场上的 AIGC 工具很多，我们重点介绍以下四种。

（1）ChatGPT（Chat-Generative Pre-trained Transformer，聊天生成预训练转换器）。这是目前发展最快的 AIGC，版本不断推陈出新。不过经过测试，ChatGPT 3.5 的文本生成能力已经足够用于职场写作，ChatGPT 4.0 具备了更强大的对话能力。你也可以使用微软 Office 内嵌的 Copilot 或微软浏览器里的"新版必应聊天"（New Bing Chat，微软搜索引擎 Bing 推出的新版本聊天功能，它集成了类似 ChatGPT 的对话功能，用于提供更自然的搜索体验和交互）。

（2）Claude（克劳德）可以说是 ChatGPT 的孪生兄弟，该技术得到了亚马逊公司的投资。Claude 最大的特点是可以支持 10 万字符上下文的理解（2024 年 1 月数据），弥补了 ChatGPT 对上下文支持不足的弱点。

（3）来自清华大学的月之暗面团队推出了智能助手产品 Kimi Chat，能够支持 20 万字符上下文的理解，并且能够实时上网读取中文网页，是我用过的最好的中文 AI。

（4）ChatGLM-6B 是清华大学团队的大模型产品，是一个开源模型，支持私有化部署，已经部署在很多企业自己的机房里。考虑到数据安全的问题，私有化部署的大模型将是大型企业使用 AIGC 的趋势。

在这几种 AIGC 中，我最喜欢 Claude，它的长文本支持技术使我可以一天写出 3 万字的小说。我在准备博士论文时，提供长文本支持功能的 Claude 不仅能寻找文献、阅读文献，还能够写文献综述，把某个领域里所有专家的观点整理成学习素材。它已经成了我的"博士助教"。

另外不得不提的就是飞书 AI，我比较看好飞书 AI 的原因是，飞书的用户往往有很好的记录习惯，拥有大量自己企业的文档数据，如果 AI 能够读取这些私有化数据并进行生成，无疑有利于形成企业个性化的文档。

大模型技术在 2023 年迎来了飞速发展，各个企业、大学、实验室纷纷研究自己的大模型，如中医大模型、法律大模型等，各种各样的模型层出不穷。大家只要选择适合自己的即可。

在职场写作中使用 AIGC，可以提升写作的效率和质量。以下是几种可能的应用方法和建议。

- **自动生成短信和邮件模板**

使用 AIGC 可以生成常见的短信和邮件模板，节省写作时间和精力。

- **生成文章大纲**

在写作前使用 AIGC，可以根据主题和关键词自动生成文章大纲，让写作更有针对性和系统性。

- **生成文章内容**

有了文章大纲后，就可以使用 AIGC 生成文章的具体内容。根据我的测试，在上下文充足的情况下，生成内容每次控制在 500~1000 字，生成的内容质量是比较高的。

- **修订和润色文章**

使用 AIGC 可以检查文章的语法、用词、句式，提出修改和润色建议。

- **翻译**

因为 AI 内置了大量不同语言的语料库，所以使用 AIGC 可以快速将文案翻译成不同国家的语言，而且相比传统的翻译软件，AIGC 译出的内容上下文更通顺。

▶ 1分钟写出你的第一封 AIGC 邮件 ◀

AIGC 虽然很强大，但要想用好它，还需要较强的使用 AIGC 提示词的能力。就像赛马一样，马儿跑得再快，也需要好的骑手来驾驭。接下来我们就试着使用 AIGC（你可以选择任何一个 AI 工具），写出上一节中小明需要写的"正念练习社群说明"。这里我为大家提供一个三步法。

| 第一步：组装 AI 提示词 |

在生成内容之前，需要组装好提示词，我为大家总结了一个组装 AI 提示词的万能模板。

Who（扮演谁）＋ What（**做什么**）＋ Why（**为什么**）＋ How（**怎么做**）

> Who：请 AI 扮演谁。
> What：请 AI 做什么，比如写一篇怎样的文章。
> Why：为什么这么做，比如写这篇文章的目的是什么。
> How：如何做这件事，比如如何写这篇文章。
> 其他有用的信息。

接下来，我们就按照这个模板，在 AIGC 中输入指令。

| 第二步：在 AIGC 中输入指令，生成内容 |

我们将之前小明写的关于正念练习社群说明的内容，放到提

示词万能模板里，生成一封邮件，号召公司成员参加正念练习活动。根据提示词万能模板，生成的提示词如下：

> 请你扮演公司里的工会负责人，写一封邮件，号召公司成员参加正念练习活动。
> 正念练习活动的相关信息有……

把以上提示词输入 AIGC，使用 ChatGPT 生成的邮件内容如下[①]。

亲爱的团队同事们：

我们公司即将举行一次非常特别的活动，邀请大家一起加入练习正念的社群！这个社群由我们公司的工会负责人小明带领，旨在通过练习正念，提高我们的内心宁静和柔和，提升专注力，改善关系，并成为一个高能量的人！

练习正念的好处不用我多说，相信大家比我还清楚。我们将每天早上推送练习的音视频内容，练习完毕发接龙。这个社群将会持续 21 天，期望大家能够参加并坚持练习。在这个社群里，我们不仅仅是练习正念，还可以互相交流和支持，共同成长。

顺便回答一些可能会出现的问题。首先，小明在正念方面已经练习了 1 年多，是很有经验的。但是，练习正念没有什么困难度，并不需要什么专业技能，只需要坚持练习就可以了。同时，练习并不是每天都要打卡，毕竟大家都有自己的事情。如果你在群里感到不舒服或者不想继续了，也可以随时选择退群。这个社群的本质是营造一种学习的氛围感，只要有助于目标达成即可。

---

① 为呈现 AIGC 生成文本的原貌，以下内容未做编加。——编者注

最后，你可能会问，如何验正念练习的效果呢？我们可以通过大家真实的练习反馈来确定练习的有效性，为下一期的练习做出改进和改变。

让我们一起来加入这个正念练习社群吧！相信它会让我们变得更加内心宁静、专注，也能帮助我们更好地面对工作和生活。如果您有任何问题或者想要参加，请联系我们或小明，我们很乐意为大家答疑解惑！

祝大家健康快乐！

××公司工会

AIGC 只用了不到 1 分钟，就生成了这份我们需要的邮件草稿。如果你觉得它的质量不理想，还可以提出修改意见或进行多次生成，直到得到满意的结果。

| 第三步：根据需要进行修改 |

AI 写作的速度非常惊人。而且，从这篇邮件草稿可以看到，其输出内容基本合格。如果把 100 分作为满分，AIGC 在大多时候能生成 60 ~ 80 分的内容，达不到 100 分，甚至还有可能存在错误，需要我们修改。

这时有两种办法：一是反复生成，直到得到满意的生成内容为止；二是根据自己的需要，对 AI 生成的内容进行修改。比如修正以上生成内容中存在的明显问题和错误。

需要注意的是，我并不建议将 AIGC 生成的内容作为最终结果使用，而是要根据自己的需要对其进行修改。但比起写作一篇完整的文案，做修改已经简单太多了。

如果说**六页纸写作模板把职场写作变成了做填空题，那么，**

AIGC 就是把职场写作进一步变成了做选择题和修改题，难度大大减小。

接下来，我将带你用六页纸模板和 AIGC，写出适用于不同场景的文案。

▶ AIGC 的局限 ◀

AIGC 虽然具有许多优点和应用潜力，但也存在一些局限性，在使用时一定要注意。

不能完整地思考

"写作即思考"，把内容写下来的过程，也是思考的过程。AIGC 可以根据人的指令生成内容，然而，这种写作只是碎片化的，是根据已经训练过的语料随机生成的，无法替代人类进行完整的、系统的、端到端的思考。

虽然 AI 内置了大量选自图书、各行业专家的文章等语料，但在帮助思考上，它只能给出一些逻辑框架和发散思路。所以，AI 只是生成内容，缺乏对内容的理解和判断力，还做不到像人一样端到端地解决完整的问题。所以，在用 AI 写文案时，需要人给出相应的思考框架。

在某些场景会变傻

AIGC 的容量有限，很多 AIGC 并不能获得互联网上实时的知识。这导致有时 AI 给出的答案是错误的。

另外，根据很多人的使用经验，ChatGPT4.0 在某些场景中的回答还不如 ChatGPT 3.5。这是由于大量训练数据质量不高导致的，它们让 AI 产生"幻觉"，有意识地"胡说八道"。

所以，我们不能完全相信 AI 生成内容的准确性，一定要认真检查。

不能替你做决策

AI 可以帮助我们做出选择，但无法取代我们的直觉和理性。使用 AIGC，我们可以得到很多参考答案，但最终的结果，即文档要写成什么样，仍然需要人来决定。在复杂的职场中，写文档的第一目的就是协作。多人甚至多个部门通过文档进行协作和召开会议时，AI 更无法替代人。

使用六页纸会议（飞阅会）的形式，让各个部门迅速统一认知，统一行动，这样的工作，只能由人来完成。

虽然生成式人工智能存在很多问题，但随着技术的不断发展和改进，这些问题早晚会被解决。引用一句人工智能领域常见的话："未来不是人工智能淘汰人，而是会使用人工智能的人，淘汰不会使用人工智能的人。"使用 AIGC 辅助写作，势不可当。

在本书中，你将使用不同场景的六页纸写作模板和 AI 指令，体验什么是把写作题变成填空题，再把填空题变成选择题和修改题。你会发现，写作如此简单，成为职场写作达人之路已展现在你面前。

· 4 ·

大企业的员工，如何训练职场"基本功"

前文提到，以书面沟通为主的六页纸文档，依靠模板化写作，比以 PPT 为主的口头沟通更加高效。

那么，哪些公司已经在使用六页纸呢？在这里我们重点介绍使用"六页纸"的 4 家公司，分别是亚马逊、奈飞、美团和字节跳动。

▶ 亚马逊 ◀

亚马逊公司是使用六页纸的鼻祖。

亚马逊公司由贝佐斯在 1994 年创立，是全世界最早、最大的互联网公司。经过 30 年的发展，亚马逊公司的业务已经从电子商务扩展到云计算、线下超市、广告、线上视频业务等领域，是一家多元化的企业。

我曾在亚马逊公司工作过，在这里体验了以文档沟通为主的"六页纸"文化。很多刚入职亚马逊公司的同事对此很不习惯。每次开会的前 20 分钟，所有人都不发言，是沉默的 20 分钟，大家都在默读文档。而这文档，就是一份不超过六页的文档，会议要讨论的内容都写在里面。默读结束后，大家会就阅读中产生的问题进行提问，由文档的提供者进行回答，直到会议结束，整个过程，都不允许使用 PPT。

说实话，作为一毕业就从事销售和市场工作，在外企工作了近 20 年的职场老手，我的 PPT 制作和演讲能力都不差，并不害怕做 PPT。尤其是，我还有 4 年在苹果公司工作的经历，已经习惯使用 PPT 和 Keynote 的动画、图片以及华丽的词语汇报工作。

但是我第一次参加"六页纸会议"，就喜欢上了这种会议方式，它非常务实，效率非常高！因为开会的人都把精力放在了内容上，而不是 PPT 展示和演讲的技巧上。

亚马逊公司的六页纸会议已经有 20 年的历史。2004 年 6 月 9 日，贝佐斯经过深思熟虑，在亚马逊宣布了一道命令：公司的所有内部决策性会议，不可以用 PPT，而要用六页纸文档。

为什么是六页纸呢？因为这是按照固定的字体字号，在 20 分钟之内正好能够读完的内容，按照每分钟阅读 300 ～ 500 字的速度，20 分钟大约可以读 6000 ～ 10 000 字，算下来正好是六页纸。

而且这种阅读是大家一同进行的"多线程"阅读，传递信息的效率很高。阅读的速度也远远大于每分钟 100 ～ 200 字的单线程演讲的速度，这也是"六页纸工作法"以及我成立的公司"六页纸文化"的命名思路。

亚马逊公司在 1 万人规模时启用六页纸工作法，到今天，贝佐斯还用这种方法管理了蓝色起源、华盛顿邮报等不同业态的公司。

2013 年，贝佐斯收购华盛顿邮报。贝佐斯住在美国西北的西雅图，而华盛顿邮报的办公地点在美国东部的华盛顿。贝佐斯每周只用 1 小时阅读并反馈华盛顿邮报提交给他的六页纸文档，并用这种方法，让这家老牌报纸企业起死回生。

可以说，六页纸工作法让亚马逊公司在大规模扩张的同时，保持很高的沟通效率。亚马逊公司的规模能够从 1 万人扩展到 100 万人，市值能达到万亿美元以上，六页纸工作法功不可没。

▶ 奈飞 ◀

奈飞公司（Netflix）成立于 1997 年，以租售 DVD 起家，现在已经是全世界最大的流媒体公司。

2011 年，奈飞公司的线上流媒体销售额已经接近全美的一半。有一段时间，整个美国晚上 8 点后，八成的互联网流量都来自奈飞公司。《纸牌屋》《暗黑》《爱，死亡和机器人》等脍炙人口的影视作品，也都出自奈飞公司。可以说，奈飞是美国流媒体的头部公司，引领美国的互联网视频。

从 2021 年开始，《奈飞文化手册》《复盘网飞》《不拘一格》等关于奈飞公司文化的书在企业界流行。[①] 一时间，"让每个人都理解公司业务"等理念，被很多创业者和企业家津津乐道。作为顶级的互联网公司，奈飞有非常高的人才密度和顶级的薪资，其中最不可思议的是，奈飞公司甚至鼓励员工去竞争对手那里面试。如果你得到了比现在的薪资更高的录用条件，奈飞公司也会给你相应涨薪，完全遵照市场定价。

这样一家高人才密度的公司，也大量使用文档进行工作，即所谓的"上下文而非控制"（context not control）。

奈飞公司每周都会把整个公司的运营状况写成几万字的备忘

---

① Netflix，一般译为"奈飞"，亦有译为"网飞"的。——编者注

录。几万字是什么概念？相当于一本书的容量。就是说，只要你愿意，你就可以每周读一本关于公司整体运营方面的书。你可以随意翻阅，了解公司各部门的运营情况，然后在每周四，参加公司的战略会议，听取各部门的答辩。公司中的任何人都可以参加所有产品的开发进展和项目会议。

这也是奈飞公司实行的"让每个人都理解公司业务"和"上下文而非控制"的落地机制，这种机制使得公司能够长期吸引并留住高质量的人才。而无障碍的坦诚沟通，又造就了奈飞公司不断创新的能力，使之从一家从事 DVD 租赁的公司，成为全球互联网的头部企业和创意中心。

▶ 美团 ◀

美团公司一直都有非常好的文档文化。美团公司主张全体员工"苦练基本功"。写作就是思考，美团希望员工通过写作，锻炼结构化和逻辑化思维。

美团内部的知识库"学城"累积了其几乎所有的知识。美团员工可以从"学城"上找到几乎所有问题的答案，还可以发起提问。

2016 年起，王兴提出"互联网下半场"的概念，希望提升公司的组织能力。他向各个标杆企业学习，在 2019 年"猛学亚马逊"，将公司内部的管理文档全面转向六页纸文档。

经过四五年的时间，美团公司在年度经营计划、产品管理等运营环节，全都使用文档为主的方式。甚至在周、月度、季度复盘中，也采用与亚马逊公司一致的 XBR 复盘机制。

2023 年，美团公司还引入亚马逊的领导力原则，将其作为新的公司文化，贯穿招聘、绩效考核等环节。作为合作单位，"六页纸文化"也有幸参与了美团企业转型的部分咨询和培训工作。

和美团公司的员工交流，我能够感受到美团公司的严谨，以及"苦练基本功"带给美团公司的变化。

作为一家成立 10 年、拥有 10 万名员工的大型企业，转型并不容易。但美团公司的全面转型，加速了企业管理的科学化和系统化过程，提升了组织能力。

▶ 字节跳动 ◀

字节跳动公司是中国互联网行业的超新星。

字节跳动公司的产品"今日头条"和"抖音"使用推荐算法，把内容推荐给感兴趣的人，迅速拥有了 10 亿用户。它后来居上，占据了中国最多的用户时间。2012 年成立的字节跳动公司，用了近 10 年时间，在 2022 年营收就超过 800 亿美元，而且仍在快速增长。

字节跳动公司和中国其他互联网公司的最大不同，就是国际化做得非常好。字节跳动的抖音海外版 TikTok，已拥有 8.5 亿用户，其海外收入占到了总收入的 20%。

短视频和新闻头条产品的崛起，离不开字节跳动公司"去中心化"的组织能力和创新能力。字节跳动公司的底层逻辑是："像打造产品一样做公司"。

让如此大规模的远程办公顺畅进行，"飞书"工具功不可没。"飞书"的 CEO 谢欣说，2019 年，字节跳动公司的 10 万名员工产生了 2000 万份文档。这些文档如果用 A4 纸堆叠起来，高度堪比珠穆朗玛峰。而通过"飞书"，字节跳动提倡以简洁精要的文档作为信息的主要载体。作为工作汇报的文档，只要把事情写清楚，让人看明白即可。

"字节跳动风格"的工作文档，通常包含这样几部分：

- 交代背景，阐明事项的背景信息，统一阅读者的信息认知；

- 给出目标，明确事项要达到的目的，给出明确的预期；

- 说明思路和过程，具体介绍怎么做和做什么；

- 明确任务拆解和相关负责人，确保事项推进任务明确、人员齐备。

只要文档把这几部分展现清楚就可以了，不需要做 PPT，更不需要美化 PPT。在字节跳动公司，云文档可多方同步编辑。

如果多部门同时讨论一个议题，与会者可以根据会议材料实时反馈自己的想法，在共享屏幕上进行讨论。每条信息旁都有小绿点标识，以显示个人的反馈和想法是否被读取。

"飞阅会"（参考自亚马逊的六页纸会议）也是字节跳动公司文档文化的一部分，这种会议形式，让字节跳动在公司内部实现了用更扎实的文档文化取代 PPT 文化，让所有与会人员、所有部门都能平起平坐地、高效地围绕主题展开讨论，即使是最高级别的双月会也是如此。

"飞书"把会议、文档、沟通、目标管理，甚至邮件和审批，集成于一身，把效率提升到极致。

我有很多朋友在字节跳动公司工作，"六页纸文化"也是"飞书"的合作伙伴。现在，越来越多的企业都在使用六页纸工作法，并将"飞书"作为落地工具，从而实现了从工具到方法论的转变。字节跳动公司的高效和其文档文化不无关系。

字节跳动公司"坦诚清晰，永远创业"的理念，以及其强大的创新和组织能力，与六页纸文档的使用密不可分。

▶ 其他企业 ◀

你也许会问，这些都是几万人甚至上百万人的大型企业，有没有小一些的公司运用六页纸工作法呢？答案是：有，且越来越多。随着飞书文档、腾讯文档和钉钉文档等在线文档软件在中国的普及，很多中小企业、创业公司也都开始了去 PPT 化，开始使用文档办公。减少 PPT 的使用，回归工作本身，成了中国企业的风潮。

我们的合作伙伴易参公司，是一家主要由 Z 世代人群组成的创业公司，其创始人兼 CEO 黄怡然提到，现在以"90 后"为主的职场年轻人，越来越讨厌冗长低效的会议，他们希望把时间放在更有效的工作上。于是，六页纸、飞书、飞阅会几乎是很多年轻创业公司的标配。在我的合作伙伴群里，几乎每天都有各行各业关于文档办公方法的分享。"六页纸文化"作为一家专注于六页纸工作法的公司，也帮助了很多企业和个人将六页纸工作法落地。

六页纸工作法是一种高效的工作法，正在被越来越多的公司使用。

我们也看到，很多公司仍在使用传统的 PPT 工作模式，或者陷入低效沟通和低效会议的陷阱中。从 PPT 工作模式到六页纸工作法的转变需要一个过程，我们作为从事六页纸工作法推广的团队，致力于帮助企业和职场人士实实在在地提升效率，感到每天都非常有意义。

第 1 章

用六页纸推进职业发展

· 1 ·

用六页纸准备面试，获得理想工作

　　小刚研究生即将毕业，获得了几家大公司的面试机会。然而，经历了几次面试后，他感到心情低落。师兄询问原因，小刚说，他特别害怕面试官揪着细节问题不放，比如他曾主办过学生活动，面试官会问他活动的背景、目标和过程。这让小刚有点招架不住，很多细节他都记不清了。

　　小刚以为自己遇到了压力面试，师兄告诉他，这种面试其实是行为面试。随着求职竞争加剧，行为面试以其科学、全面的特点在各大公司越来越受欢迎。不了解行为面试法，你甚至可能听不懂面试官的问题，更不可能通过面试、拿到录用通知。掌握行为面试法，并使用六页纸做好面试准备，无疑会帮助你在众多竞争者中脱颖而出。

▶ 行为面试法 ◀

什么是行为面试法

20 年前我刚毕业时，曾去一家财税软件公司应聘销售岗，面试官问我："如何把梳子卖给和尚？"

这个问题让我很困惑，我完全不知道面试官想考察什么。后来，我进入思科、苹果和亚马逊等 500 强企业，经历了无数严格的面试，才了解到正规的面试是什么样的。作为面试官和面试者，我经历了上千场面试，认为最科学的面试方法就是行为面试法。

行为面试法出现于 1982 年，由学者简兹（Janz）提出。它关注应聘者过去实际发生过的行为，即在个人经历中，是否遇到过类似应聘工作中可能遇到的场景，以及当时是如何处理的。

行为面试法主要考察过去真实发生的事，而非虚拟情景。和行为面试法相对的是情景面试法，情景面试会通过假设场景考察应聘者的应变能力。

企业为什么要使用行为面试法

企业使用行为面试法是为了详细了解应聘者做过的事情是否真实、有效。通常，求职者在简历上写的都是"结果"，比如，描述自己做过什么，成绩怎么样。在行为面试法中，面试官需要深入了解应聘者取得成绩的过程，比如使用了哪些步骤和方法。

通过了解这些真实表现，全面了解应聘者的知识、经验、技能，以及工作风格、性格特点等与工作相关的各方面情况。

▶ 如何准备面试，轻松拿到录用通知 ◀

了解了什么是行为面试法以及企业为什么要使用行为面试法后，我们来看一下如何使用六页纸和 AI 准备应聘。

| STAR 四点法 |

我们可以按照 STAR 原则的四个步骤来准备面试。STAR 是情景（situation）、任务（task）、行动（action）、结果（result）四个英文单词的首字母组合。

首先，面试官会通过你的简历了解你取得某项工作业绩的情况，用一个开放式的问题，比如让你描述你遇到的最有挑战性的项目的**情景**，或在工作中遇到的最大困难，了解你的最佳表现水平，然后询问若干与你的工作成果相关的问题，来了解这些成果有多少与你个人有关，有多少与当时的市场状况、行业特点有关。

其次，面试官会详细询问你做过的具体**任务**，每项任务的具体内容是什么，以了解你的工作经历，判断你的工作经验是否适合你应聘的职位。如果有不清楚的地方，面试官可能会进一步追问，获得更充分的信息。

再次，面试官会询问你为了完成这些任务采取了哪些**行动**，考察你是否有强烈的逻辑思维和任务拆解能力，以进一步了解你的工作方式、思维模式和行为方式。

最后，面试官会询问你采取这些行动的**结果**是什么，好还是不好，好是为什么，不好的话，你有没有认真思考。同时，这个结果是否与你一开始被分配的任务匹配，你是否完成了任务。结合职位要求，你的回答要展现你具备相关的技能。

面试官会评估你分析问题的能力、解决问题的技巧和态度、执行计划的效率和沟通协调能力等方面。STAR 四点法可以逐步引导你深入陈述，完整地展示你是否具备完成某项任务的能力，让面试官了解一个真实、全面的你。

那么，如何用 STAR 四点法准备面试？

首先，了解应聘岗位的"能力素质模型"或"胜任力模型"。明确岗位标准，针对每个能力素质模型，准备 1 ~ 2 个完整的 STAR 故事。

其次，根据每个"能力素质模型"，准备你的面试题库。面试题库要来自你平时工作或学习的真实经历。针对各模型，面试官可能会问 4 ~ 8 个问题。准备好与之相应的案例。

在面试现场要注意听清楚问题。要清楚面试官问的是哪个能力素质模型，以便讲述相应的经历。回答时要注意逻辑清晰，层次清楚，可以按照 STAR 顺序回答。此外，要准备好细节，因为面试官可能会围绕 STAR 不停地追问。

注意，一定要回答真实的经历。真实的经历应是一个完整的事件，有背景、任务、行动和结果。不要把团队的成绩当成自己的成绩，要清晰地表达哪些是"我"做的工作，而不是笼统地讲"我们"做的工作。

在准备面试的阶段，要特别关注细节，可以先在纸上打好草稿。可以用一页纸文档来准备你的面试题库，以便在面试中有更好的表现。

| 用六页纸文档和 AI 准备面试题库 |

我们用一个具体的面试场景来举例。

小刚要应聘新媒体运营的职位，他在互联网上看到的招聘启事如下。

招聘启事

职位：新媒体运营

公司介绍

陆业科技公司是一家为上市企业客户提供创新解决方案，提高企业创新成功率的企业。公司致力于以创新服务推动企业持续发展。

岗位职责

负责公司公众号、短视频等新媒体工具的日常运营，制定运营计划，推广企业品牌，提高企业知名度和美誉度；

搜集行业信息、竞品动态，撰写相关的优质原创文案，吸引更多潜在客户；

制定并执行新媒体推广方案，提高客户转化率；

负责新媒体数据分析，并不断优化运营、提升效果。

任职要求

本科及以上学历，市场营销、新闻传播等相关专业；

2 年以上新媒体运营经验，有成功的推广案例；

擅长文案撰写、创意推广和数据分析；

具备严谨的逻辑思维和团队合作精神。

薪资范围

12 万元 ~ 20 万元 / 年

如果你想加入我们的团队，与一群优秀的人一起工作，共同推动公司的发展，请把你的个人简历和作品发送至 ××× 邮箱。我们期待你的加入！

这则招聘启事描述的是一个面向客户的职位，我们可以使用 AIGC 分析其职位描述，以确定应聘者可能需要具备的能力，以下是给 AI 的指令。

> 请你扮演一位人力资源专家，根据职位描述，构建 5 个主要的胜任力模型，以供使用行为面试法面试，以下是这份工作的职位描述……

把职位描述输入给 AI 后，得到如下输出。

主要胜任力模型

新媒体运营专业知识：应聘者需要具备丰富的新媒体运营经验和市场营销、新闻传播等相关专业知识，熟悉各种新媒体平台的运营规则和技巧，能够制定有效的运营策略和推广方案，提高客户转化率。

优秀的文案撰写能力和创意推广能力：应聘者需要精通文案撰写、创意推广和视觉设计等相关专业技能，能够根据公司定位和目标受众，撰写有吸引力的优质原创文案，提高企业知名度和美誉度。

数据分析和优化能力：应聘者需要具备数据分析能力，能够利用数据分析工具对新媒体运营数据进行深入分析，发现问题并针对性地做出优化措施，不断提升运营效果，实现企业目标。

团队合作和沟通能力：应聘者需要有严谨的逻辑思维和团队合作精神，能够有效沟通和协作，配合各部门完成任务，保证项目的顺利进行。

创新思维和学习能力：应聘者需要具备创新思维和学习能力，能够不断学习新的技能和知识，并将其应用到实际工作中，提高工作效率和质量。

以上 5 种能力就是应聘这个岗位需要具备的能力。得到了这些信息，我们就可以做有针对性的准备了。

接下来，我们可以预测一下，面试官可能问哪些问题。这里再给大家提供一则 AI 提示词。

请你扮演一位人力资源专家，通过招聘新媒体运营所需的胜任力模型，来构建面试问题库，以准备一次招聘。

该岗位需要的胜任力模型如下。

新媒体运营专业知识： 应聘者需要具备丰富的新媒体运营经验和市场营销、新闻传播等相关专业知识，熟悉各种新媒体平台的运营规则和技巧，能够制定有效的运营策略和推广方案，提高客户转化率。

优秀的文案撰写能力和创意推广能力： 应聘者需要精通文案撰写、创意推广和视觉设计等相关专业技能，能够根据公司定位和目标受众，撰写有吸引力的优质原创文案，提高企业知名度和美誉度。

数据分析和优化能力： 应聘者需要具备数据分析能力，能够利用数据分析工具对新媒体运营数据进行深入分析，发现问题并针对性地做出优化措施，不断提升运营效果，实现企业目标。

团队合作和沟通能力： 应聘者需要有严谨的逻辑思维和团队合作精神，能够有效沟通和协作，配合各部门完成任务，保证项目的顺利进行。

创新思维和学习能力： 应聘者需要具备创新思维和学习能力，能够不断学习新的技能和知识，并将其应用到实际工作中，提高工作效率和质量。

请根据每个胜任力模型，生成 2 个开放式问题作为发问问题，在每个发问问题后，使用 STAR 格式生成关于情景、任务、行动、结果的需要追问的问题。

AI 根据以上提示词生成了针对 5 个胜任力模型的几十个问题，如下。

新媒体运营专业知识

- 你在新媒体运营方面取得的最大成就是什么？具体过程是怎样的？
- 请举例说明，当你在新媒体运营方面遇到挑战时，是如何解决的？
- （情景）在过去的新媒体运营中，你遇到的最具挑战性的情形是什么？
- （任务）有哪些具体的任务给了你逐步应对挑战的决心？
- （行动）描述一两个步骤，说明你采取的方法是如何帮助你完成任务的。
- （结果）通过你所采取的方法，问题得以很好的解决。后来你又做出了怎样的调整？

优秀的文案撰写能力和创意推广能力

- 请分享一个你最成功的创意推广方案，介绍你是如何规划并确保该方案实施的。
- 当你因困惑或缺乏灵感创作不出文案时，你会怎么做？
- （情景）请描述你在撰写优质原创文案时遇到的最大挑战。
- （任务）面对这种挑战，你采取了哪些具体的方法？
- （行动）请描述具体的步骤和措施，说明你是如何克服困难的。
- （结果）采取这些行动后，你取得了什么成果？
- 你打算采取什么措施确保这种情况不会再次发生？

数据分析和优化能力

- 你如何收集和利用运营数据制定新媒体策略的关键步骤？请举例说明该方法在实际应用中的情况。
- 在做完数据分析后，你如何实现新媒体营销策略的优化？
- （情景）请举例说明你是如何收集和分析新媒体运营数据的。
- （任务）在收集并分析数据后，你如何做出相关决策？
- （行动）请描述你如何运用数据分析或其他经验进行决策。
- （结果）能否讲讲决策成果或策略调整情况？
- 遇到难以决策的问题，你会怎么办？

团队合作和沟通能力

- 能否分享一下你与团队成员合作的经验？
- 你是否处理过其他团队成员的行为问题？请描述遇到的问题以及你是如何处理的。
- （情景）请描述你在合作过程中遇到的最具挑战的事。最好是你与其他团队成员一起工作的经历。
- （任务）在项目开始时，你是如何进行沟通和解决问题的。
- （行动）描述你与其他团队成员合作的情况，并说明你在团队中的角色。
- （结果）你和其他团队成员是如何在这段合作中取得成功，并在后来的项目中应用成功经验的？

创新思维和学习能力

- 你对自己的创造力有何评价？能否分享一些提升创造力的技巧和想法？
- 遇到陌生的新媒体内容营销方式时，你会采取什么行动来学习？

- （情景）请举例描述你是如何充分利用自己在各个领域的知识进行学习和创新的。
- （任务）请具体说明，你做了哪些事来提升自己的创造力和好奇心。
- （行动）描述你是如何运用技能和已有的资源来发现和探索新思路的。
- （结果）分享你在学习和创新的过程中所取得的成果和经验。
- 遇到学习新的营销方式的机会时，你会做哪些准备？

以上问题涵盖了新媒体运营岗位的主要胜任能力，并使用STAR格式进行了追问。这些问题将让你拥有一个面试该岗位的"题库"。

用"一页纸"准备自己的STAR故事

可以看到，行为面试法的问题是根据胜任力模型生成的STAR格式，我们只需要为不同的胜任力模型整理好相应的经历，形成自己的STAR故事，就可以很好地应对面试问题了。

回答这些问题并形成表格的过程，其实也是对自己学习和职业经历的梳理。

在描述STAR故事的过程中，要注意如下细节。

1. 情景——需要有时间、地点、团队分工情况；

2. 任务——最好定量；

3. 行动——最好包括3个步骤，以体现行动的过程；

4. 结果——和任务对应，是否达到预期，达成程度如何，总结出哪些经验，没达成的原因是什么，可以怎样改进。

表 1-1 是小刚针对行为面试法准备好的 STAR 故事。情景部分包含了时间、地点、团队分工；任务部分的目标非常明确并且被量化；行动部分条理清晰；结果部分不仅有是否达成目标的描述，还有针对结果的总结。

表 1-1　小刚的 STAR 故事

胜任力模型	行为面试法问题	答案（STAR 故事）
新媒体运营专业知识	在过去的新媒体运营中，你遇到的最具挑战性的情形是什么	（情景）在 2019 年 9 月，我所在的公司举办了一场重要活动，吸引了大量参与者和观众。然而，在活动开始后不久，我们遭遇了一次突发技术故障，导致无法正常进行线上互动 （任务）我的任务是尽快解决故障，确保活动顺利进行，并在此基础上制定相应的应急预案，以防止类似问题再次发生。我们设定了 SMART 目标：在 30 分钟内解决故障，使活动正常进行 （行动）我采取了以下步骤： 立即与技术团队取得联系，跟踪进展并协助使用备用设备，以尽快恢复线上互动功能 进行快速故障排除，找到故障点并分析故障原因，制定了相应的修复方案 及时向与会人员知会修复进展情况，以保持流程透明，同时根据反馈结果调整修复方案 （结果）通过密切合作，我们在 20 分钟内完成了修复工作，并在整个活动期间保持了智能互动功能的稳定性。此外，我们也在活动结束后进行了技术检查和总结，制定了更为严密的应急预案，提高了我们的整体技术韧性 （经验总结）通过此次事件，我意识到及时沟通、及时解决问题、预见可能的问题并制订应急预案，是应对突发事件的关键。下一次，我们将进一步完善我们的应急预案，并对相关人员加强技术培训，提高他们应对突发情况的能力

胜任力模型	行为面试法问题	答案（STAR 故事）
优秀的文案撰写和创意推广能力	请描述你在撰写优质原创文案时遇到的最大挑战	（情景）2020 年 7 月，我所在的公司推出了一款新产品，为了提高产品的曝光度和销售量，我负责撰写了一篇内容营销策略的原创文案。然而，面对当前内容创作市场的竞争压力，我感到了一定的挑战 （任务）我的任务是撰写一篇质量优良、有创意、能吸引目标受众的原创内容，为产品的推广和销售做出贡献。为了达成目标，我设定了 SMART 目标：在 1 周内获得至少 1 000 次浏览和 100 次分享的结果 （行动）我采取了以下三个措施： 进行了充分的市场调研和竞品分析，了解目标受众的需求和行业趋势，为撰写文案提供有用的信息 制订了切实可行的内容策略，并结合创意文案的撰写技巧，突出产品的独特卖点和价值 通过社交媒体等多种渠道宣传推广，提高内容曝光度，增加阅读量和分享量 （结果）在我的努力下，该内容在不到一周的时间内获得了超过 2000 次的浏览及近 300 次的分享，达到了我的目标。该内容也成功推广了我们的新产品，为企业带来了实际的商业效益 （经验总结）这次经历让我深刻认识到市场调研和创意策略在内容创作中的重要性。下一次，我将进一步加强对目标受众需求的了解，同时不断提升自身的文案撰写和创意推广能力，为企业带来更多价值
数据分析和优化能力	请举例说明你是如何收集和分析新媒体运营数据的	（情景）2019 年 12 月，我在一家新媒体公司负责运营，并使用数据分析工具收集了用户的点击量、转化率、停留时间等数据 （任务）分析数据后，我发现用户在周末的流失率较高，我因此设定了优化策略和 SMART 目标：在 1 个月内改善周末的用户留存率，提高转化率 （行动）我采取了以下三个措施： 重新调整了发布内容的时间，集中在周末用户在线的时间段进行内容发布，提前预热和通知用户 增加了与用户互动的机会，例如开展问答活动；加强即时回复

（续表）

胜任力模型	行为面试法问题	答案（STAR 故事）
数据分析和优化能力	请举例说明你是如何收集和分析新媒体运营数据的	制订了有重点的周末营销计划，包括节日促销、限时特价等优惠活动 　　（结果）在我的努力下，周末用户留存率有了明显提高，转化率也有了大幅度提升，达到了我设定的目标。周末的营收贡献率也得到了显著提升 　　（经验总结）这次经历让我意识到数据分析和营销策略规划是运营成功的关键。下一次，我将更全面地研究用户行为和市场趋势，加强分析能力，精准制订优化策略，不断提高运营效率和绩效。同时，我也明白和用户互动及巧妙营销是提升用户留存率和转化率的有效方法，下一步会进一步有针对性地优化营销方案和营销策略
团队合作和沟通能力	请描述你在合作过程中遇到的最具挑战的事。最好是你与其他团队成员一起工作的经历	（情景）2019 年 1 月至 3 月期间，在公司的软件开发项目中，我与 DEF 部门的团队合作，面临沟通和协调的挑战 　　（任务）为了解决问题，我们设定了量化的目标：每周至少举行 2 次工作会议，确保 90% 的参与率，并在 1 小时内为下一步行动做好筹备 　　（行动）我们采取了以下 3 项具体行动来解决沟通和协调问题： 　　建立沟通渠道：通过 Slack 和 Email 确立紧密联系 　　定期会议：每周至少召开 2 次工作会议，讨论进展并解决问题 　　及时解决问题：在会议中及时提出问题，并记录解决方案和时间表 　　（结果）我们成功地解决了沟通和协调问题，按时完成了软件开发任务，并得到客户的高度评价。通过这次协作，我们认识到目标的量化及及时形成解决方案的重要性，力求提高团队协作效率 　　（经验总结）在这次协作中，我获得了几个宝贵的经验。第一，量化目标能够更好地指导团队行动；第二，建立高效的沟通渠道是协作工作不可或缺的一部分；第三，及时形成解决方案能够保证项目顺利进行，并获得良好反馈

胜任力模型	行为面试法问题	答案（STAR故事）
创新思维和学习能力	请举例描述你是如何充分利用自己在各个领域的知识进行学习和创新的	（情景）在过去的一年中，我作为公司的市场部经理，面对竞争日益激烈的市场环境，为了推动业务增长，我需要不断创新 （任务）我负责的团队由10名市场营销专业人员组成，为了激发团队成员的创造力和好奇心，我制定了SMART目标：每季度至少推动一个新的营销活动并全面实施，以实现市场份额增长10% （行动）在实现目标的过程中，我采取了以下行动：① 每个月参加一次行业研讨会，获取最新的市场趋势和创新思维；② 每周至少阅读一本与市场营销相关的图书，拓宽知识边界；③ 定期与团队成员进行交流和讨论，鼓励大家分享新的创意和想法 （结果）通过这些努力，我成功地推动了一项新的营销方式，通过与新兴社交媒体平台合作，我们品牌的知名度得到了提升，实现了市场份额增长10%的目标，为公司带来了更多的业务机会和增长潜力 （经验总结）通过这些努力，我成功地推动了一项新的营销方式，通过与新兴社交媒体平台合作，我们的品牌知名度得到了提升，并实现了市场份额增长10%的目标。这也为公司带来了更多的业务机会和增长潜力

听到你这样高质量的回答，面试官会有什么感受呢？

首先，你回答得非常具体，讲清了时间、地点和团队分工，面试官会判断你的回答内容很真实。

其次，面试官会觉得你是一个目标感很强的人，因为你的目标又具体又能被量化；你对行动部分的描述有步骤、有层次。

最后，你不仅对结果负责，而且能复盘过程，说明你是一个不断成长的人。这样的人，当然是各个岗位都需要的人才。

最重要的是，你的回答是紧紧围绕这个职位的胜任力模型进行的，你过去的表现完全能够证明你可以胜任这个职位。

当然，这个表格是灵活的，需要根据不同职位的实际情况和每次面试的反馈，不断完善 STAR 故事的细节。

六页纸工作法的理念，就是**一定要写下来。因为只有写下来，才能够让你的思路结构化，你才能在面试时有条有理地回答问题。**

不断参加面试，会不断遇到新问题。每次面试后，你都可以在表格中进行补充，增加之前未考虑到的细节，回顾是否理解了面试官的问题，不断完善答案。

通过不断完善胜任力模型、题库和答案，你一定能更好地应对行为面试，优化在面试时的表现。

· 2 ·

高效汇报工作，走上职业发展的快车道

我从 2014 年起担任苹果公司的商务经理，负责三里屯苹果旗舰店。苹果公司零售店是公司员工数量最多的部门，拥有完善的人才培养体系。在苹果公司零售体系中，有一个专门培养未来领导者的项目，叫作 ASLP（Apple Store Leadership Program），是面向刚入职的高校毕业生的。经过为期 2 年的 ASLP 培养，受培养者将可能成为具备领导能力的零售店管理者。这些人通常具有优秀的背景，如毕业于世界名校、拥有高学历等。然而，2 年后他们的发展差距很大，有的成为经理，有的成为普通店员，还有的离开了公司。其中一位受培养者每 2～3 年升职一级，连升 4 级成为一家苹果旗舰店的店长。我问她，同样的起点，为什么她能够晋升得这么快，她回答说，除了努力工作，还必须学会汇报工作。

▶ 职业发展最重要的事情 ◀

汇报工作是职业发展的关键，有助于展示我们的职业素养和能力。

汇报工作是与领导沟通的重要渠道，是获得领导理解的方法，是一种向上管理。汇报工作主要是及时把你的工作目标、工作计划和执行情况告知领导，让领导了解你的工作进展。这可以帮你获得公司的理解和支持。在遇到不明朗的情况时，及时汇报工作能让你获得协助，做出决策，让信息透明，让团队了解事情的发展方向，提高团队的执行力和工作效率。

汇报工作还可以帮助你建立良好的职业形象，展示你的工作成果、能力和态度，增强职业竞争力。总之，汇报工作是在现代职场中的重要生存技能，有助于沟通、完成任务，并为职业发展和成功打下基础。

▶ 你该多久汇报一次工作 ◀

既然汇报工作如此重要，你可能会问，我应该多久汇报一次工作？如何汇报工作更有效？

我认识一位管理 200 人团队的店长，他每天都会用短信的形式向大区总监汇报工作。大区总监虽然不经常去他的店里，却对他的店非常放心。及时沟通能够让你得到上级的信任。这种碎片化的汇报，可以随时随地进行。本书主要讨论书面汇报工作的频率。

最常见的书面汇报形式是周报。周报是每周一次的工作总结，用于向上级汇报工作进展、出现的问题和下一步的工作计划。通常是在固定的时间节点，较为准确地反映一周内的工作情况。由于行业和职位的差异，周报的具体内容和形式可能有所不同，可以根据实际情况使用模板。

某些公司甚至有"日报"文化，即每日一次的工作汇报。然而，"日报"可能导致信息过载，甚至变成形式主义，增加工作负担。我并不建议公司采用"日报"形式进行工作汇报。

每月与经理进行"一对一"职业发展谈话是合适的频率。工作汇报间隔太长，可能会遗忘某些信息，间隔太短，汇报的信息又不够充足。每月一次工作汇报，会有 4 周的数据和案例需要集中汇报，信息量充分；同时也不会因为时间太长而遗忘重要信息。

此外，可以结合职业发展，记录个人的成长经历和思考，与经理共同制订成长计划。

在许多公司里，**年度绩效考核**非常重要，通常与升职加薪相关。通过年度绩效考核（或述职），员工展示一年来的工作成果、学习成果和职业成长，同时听取上级的评价和建议。这种汇报形式能激励员工持续努力，明确目标，规划未来发展。

工作汇报频率和内容应根据具体的工作情况和需求灵活调整。好的工作汇报应注重信息准确性、结构清晰、能明了地反映问题，以促进任务和项目的高效执行。日常工作的碎片化汇报，可每日、每周使用微信、飞书、钉钉等工具进行，而集中的、完整的重要书面汇报，可每月、每年进行，这种沟通频率较为合适。

▶ 避免在工作汇报中"踩雷" ◀

无论是汇报自己的工作进展还是向上级汇报部门的近期情

况，都需要技巧和方法。然而，这个过程又很容易触犯禁忌。以下是一些汇报工作时需要注意的事项。

非必要情况下，**避免越级汇报**。越级汇报可能导致直属领导不满，产生矛盾，影响问题的处理和协调。汇报工作一定要尊重级别关系，适当把握"轻重缓急"。

保持客观，避免过于乐观或过于消极。过度夸大工作进展或隐藏负面信息可能导致怀疑和不信任。好消息要让团队知道，坏消息要更快地让大家知道，但应该避免过于消极的态度，在给出坏消息的同时，最好提出相应的建议或解决方案。

邮件沟通要慎重。邮件发送后无法撤回，所以务必慎重。邮件通常作为讨论后的备忘录，比如会议纪要。不建议用邮件做重要决策的讨论，尤其在缺乏上下文的情况下，邮件容易导致误解。更坏的情况是邮件带有情绪或个人态度。在我的职业生涯中，经常遇到因为邮件信息不全产生误解的情况，词不达意也容易造成负面情绪。所以，发邮件一定要慎重，最好在充分沟通后发邮件。

▶ 保持非正式沟通至关重要 ◀

六页纸工作法强调的书面沟通，更偏重于客观性，有助于厘清思路，提供充分的逻辑和数据，主要解决"理"的部分。然而，我们也不能忽视"情"的部分，也就是说，也要顾及人的情绪和情感。与正式沟通相比，非正式沟通更轻松自然，有利于建立好的团队关系，增进同事感情。非正式沟通的途径主要有午餐聚会、年会、团队建设等。

新人入职亚马逊公司和苹果公司时，有一个环节是与同事进行"一对一"沟通。在美团，则有别具一格的"一对一"快餐——两人共同点一份"美团外卖"，进行感情交流。

午餐聚会是常见的非正式沟通契机。同事们可以在午餐时间一起到餐厅或食堂，选择喜欢的食物，聊些轻松的话题，分享生活趣事或工作经验。这样的午餐聚会能促进员工交流，缓解工作压力，增加幸福感。

年会是另一种非正式沟通的好机会。年会通常会组织团队进行一些愉快的活动，这些愉快的活动能增进员工的友谊，提高团队意识，减轻员工的心理压力。在愉快的活动中，员工们可以完全沉浸在其乐融融的氛围中，感受集体的积极情绪。

团队建设也是非正式沟通的重要方式。通过团队建设，你有机会和同事一起探索陌生的环境，增进信任。

为了进行非正式沟通，我们还要建立个人化连接。关心他人的情况、喜好和家庭，了解他人的需求，为他人提供支持和帮助。人与人越互相了解，信任感就会越强。

无论是午餐聚会、年会、团队建设，还是其他社交场合，非正式交流和沟通都能增进员工感情，增强团队凝聚力。保持开放的心态，积极投入非正式沟通，建立信任的关系，日常的工作和正式沟通才能更高效。

▶ 使用六页纸与领导进行职业发展谈话 ◀

尝试使用"员工发展日记"记录工作成果，并及时与经理、主管进行"一对一"汇报。

我在苹果公司工作时，同事中有一位能力非常强的店长，每次开大区会议，他都能够思维缜密、逻辑清晰地提出问题，并给出非常精确的解决方案。只要他发言,其他店的店长都会竖起耳朵认真听。果然,没过几年,他就升任苹果公司的大区经理了。

我经常思考,为什么非常年轻的他能够在短时间内累积那么多工作经验,甚至很多比他做店长时间长 10 年以上的店长都不如他懂业务?

我有幸和这位店长共事了 2 年,总结了一些他的经验。

这位店长有非常好的阅读和写作习惯,每天都会阅读大量的行业文章、书籍,每遇到事情,他都会认真思考。所有在大区会议上的发言,他都先写在纸上,并反复修改,确保说出的话有高度的逻辑性。还有,这位店长在和下属进行每月一次的职业发展谈话时,也要求下属把要汇报的内容写清楚,再和他约时间面谈。

用写作带动思考,就是他的成功秘诀。

接下来,我会为大家介绍苹果公司的职业发展工具:员工发展日记(Exchange Journal,EJ)。它是指经理和员工之间每个月进行的"一对一"职业发展谈话。EJ 通常采用书面写作和月度沟通的形式。

为什么沟通职业发展也要使用书面形式呢?

首先,书面形式使职业发展谈话更准确,避免口头沟通易产生误解和信息传递不完整的问题。书面沟通可以用更准确的表达,让经理更好地理解和处理员工面临的问题。

其次,书面形式能帮助沟通双方更清晰地表达自己的想法。书面沟通中,双方会花更多时间和精力思考沟通的内容,更好地表达想法和意图。在职业发展谈话中,双方都要清楚自己的职业目标和所需能力,共享想法和意愿,制订更好的职业发展计划。

书面进行的月度沟通是员工实现职业发展的重要环节。在月度沟通中，员工可以先使用胜任力模型给自己的各项能力打分，再与经理的打分做对比，知道自己需要重点提升哪些能力，了解自己的职业发展进程。通过反馈和探讨，梳理职业发展目标和实现措施。

月度沟通和面试一样，可采用行为面试法的 STAR 格式。具体描述项目中的目标、过程、结果和反思，展示工作成绩，明确职业目标和能力提升途径。

苹果公司的这种 EJ 形式和月度沟通，有助于员工了解自己的职业发展状况，从而制订明确的改进计划，实现职业发展目标。

▶ 职业发展六页纸模板 ◀

我借鉴了很多成熟企业的员工发展工具，比如苹果公司的 EJ 和亚马逊公司的领导力准则，将它们作为胜任力模型做成月度报表的形式，每月以此和员工可欣进行职业发展对话。

经过可欣的允许，我将与可欣进行的职业发展对话作为案例分享给大家（见表 1-2）。

可欣的 2022 年度 EJ
（2022.7-2023.6）
每一项给自己打分
超过预期（Exceed Expectation, EE）
达到预期（Achieved Expectation, AE）
期待做到更多（Expect More, EM）
总结，重做一次会怎样？下一步做什么？

表 1-2　用领导力准则进行职业发展对话

胜任力模型	可欣	我（Jack）
客户至上 领导者从客户入手，再反向推动工作 他们努力工作，赢得并维系客户对他们的信任 虽然领导者会关注竞争对手，但是他们更关注客户	公司开发了为期2个月的 AI 写作营线上课程，完成该课程社群运营的工作（更应该是目标的形式，偏重达成的效果） "行动"部分缺乏明确的数据 1. 课前组织学员破冰，互相熟悉，采用文档进行自我介绍 2. 课中提醒日程、安排作业 × 份、上架回放 × 节等 3. 提供课后答疑 × 次、复学等相关服务	做得好的地方 • 从 1~3 月的一期和 4~6 月的二期写作营，可以看到可欣有非常强的主人翁精神，她崇尚行动能力，能够积极主动地承担起各项工作，在每一个环节的执行上都很到位 • 一期学员 Kony 对可欣的工作态度给予了很高的评价，可欣也赢得了一些客户的信任
客户至上 领导者从客户入手，再反向推动工作 他们努力工作，赢得并维系客户对他们的信任 虽然领导者会关注竞争对手，但是他们更关注客户	学员满意度较高（定量和定性，客户引言） 任务和结果没有对应上，是该事情的主导者，对公司的影响和收益是什么 有哪些地方可以改进？具体改进计划是什么（培养擅长总结和自我迭代的能力） AE	可以提高的地方 • 在"客户至上"方面还需要从客户出发逆向工作，加强对客户声音的搜集工作，更及时地拿到客户调研和客户反馈，这样才能更好地建立用户思维 补上调研问卷的结果，根据客户声音，明确下一次可改进的地方 EM

胜任力模型	可欣	我（Jack）
达成业绩 领导者会关注其业务的关键决定条件，及时完成并确保工作质量 尽管遭受挫折，领导者依然勇于面对挑战，从不气馁	从 2022 年 4 月正式加入"六页纸文化"，经过实习、试用期、正式员工 3 个阶段，到 2023 年 6 月，主要负责 C 端新媒体运营 1. 短视频 263 个 2. 公众号 55 篇（其中原创 8 篇） 3. 参与直播 56 场 浏览量，粉丝量，可能的变现 这一条要先写产出性指标，再讲是怎么做的，达成业绩还是先要有产出，同时要注重投入（能不能找到关键的投入产出指标） EE	做得好的地方 • 非常重视投入和关键条件，对公众号、短视频、课程上架等工作兢兢业业 • 4~6 月能够带领实习生团队实现批量产出，具备了初步的领导力 可以提高的地方 • 缺乏明确的目标感，但主要是 Jack 的问题 • 第一步可以制定一个合适的目标，比如，实习生的绩效工资如何更加合理 AE
主人翁精神 领导者是主人翁。他们会从长远考虑，不会为了短期业绩而牺牲长期价值 他们不仅仅代表自己的团队，而且代表整个公司行事 他们绝不会说"那不是我的工作"	线下培训是公司主营业务和主要现金流来源，负责物料准备、组织、活动后总结宣传等工作 1. 物料选择和制作秉持勤俭节约的原则 2. 活动中时刻关注参与人员的需要 3. 主动拍照、拍视频记录，并在活动后制作视频、推文等宣传资料 共计 × 场活动，会员和学员期待的核心价值 EE	做得好的地方 • 可欣有很强的主人翁精神，深深相信"六页纸文化"能够帮助更多公司提升效率。能够主动承担公司的各项日常工作 • 线下培训，包括各个公司的活动，都能够做好物料、前期准备，保留好照片、视频等资料 • 不仅如此，可欣在各种其他日常工作中，也都能够代表"六页纸文化"，很多客户都把可欣作为六页纸不可或缺的人看待 EE

（续表）

胜任力模型	可欣	我（Jack）
创新和简化 领导者不断提升招聘和晋升员工的标准。他们表彰杰出的人才，并乐于在组织中通过轮岗磨砺他们 领导者培养领导人才，他们严肃地对待自己育才树人的职责 领导者从员工角度出发，创建职业发展机制	公司业务发展，需要招聘新媒体相关培训生和实习生，负责实习生招聘及入职带教的工作 1. 在招聘平台上挑选合适人选、收集简历 84 份 2. 跟踪 4 轮笔试、面试流程进展约 20 人 3. 发入职通知书 8 份，主持每周例会，安排每月"一对一"职业发展谈话 提升整体效率（定量，强调原来要 2 周，现在只要 1 周等） 　　AE	这项工作，更像选贤育能，而不是创新和简化 做得好的地方 • 过程和结果都不错，选人数量和质量都在提高 可以提高的地方 • 由于工作条线较多也较为繁杂，实习生工作建议形成节奏，每个季度用 1 个月（比如最后一个月）的时间集中招聘，接下来 2 个月集中培养人和用人 　　AE
好奇求知 领导者从不停止学习，并不断寻找机会提升自己 领导者对各种可能性充满好奇并付诸行动加以探索	明确公司业务发展需要和员工个人成长需要，参加相关培训，提升工作完成质量和技能 1. 参加"小鹅通"训练营，学习线上短期课程运营（学到的东西 30% 现在能用上，30% 未来能用上，40% 或许永远用不上） 2. 学习"大成"短视频课，提升短视频制作技巧 3. 阅读工作涉及的书目（具体哪些图书，可以给自己做个总结或者发文） 线上课程运营能力提升有限，培训的短视频属于口播类但不是工作重点，书籍阅读没有可以量化的产出 　　EM	做得好的地方 • 能够很好地完成"小鹅通"训练营和"大成"短视频课，并形成 SOP 可以提高的地方 • 要成为一名运营专家，需要具备怎样的知识结构？如何从搭建知识结构的角度倒推，需要学习哪些课程或图书，找到对标的榜样或人物传记 • 能否给自己找一些同业交流，可以学习的导师或师父 • 学习课程后，能否用费曼学习法把学到的东西进行整理和系统的输出？比如输出给实习生 　　AE

胜任力模型	可欣	我（Jack）
刨根问底 领导者深入各个环节，随时掌控细节，经常进行审核，当数据与传闻不一致时持有怀疑态度 领导者不会遗漏任何工作	公司每周一要开例会，总结上一周的工作、布置本周的工作任务，填写短视频、公众号、直播、小鹅通等各项数据 1. 按照表格要求填写各项数据 2. 关注个别异常数据及原因 3. 会上和领导讨论 对原因的深入探索不够，没做到以此为依据，完善或改善某些行动举措 EM	做得好的地方 • 能够兢兢业业地做好全年的 WBR 数据整理工作 可以提高的地方 • 缺乏"客户声音"部分 • 数字补充需要更加完整，对月、季度数据进行更加全面的总结 • 不要止于罗列数据，应加上数据分析、举措和行动计划，这不太容易，但它是从助理到专员的跨越之路 EM（Jack 也是 EM）

小结

继续保持：达成业绩（投入部分）、主人翁精神

停止做：周一例会迟到、拜访客户迟到

开始做：达成业绩（产出部分）、客户至上、刨根问底

我们可以看到，用岗位胜任力模型和 STAR 格式，每个月和经理进行一次深入谈话，不仅可以对自己上一阶段的工作进行总结，厘清思路，而且能够通过和领导的预期对比，了解自己哪些地方做得好，哪些地方还有提升的空间。

你可以把这些"领导力准则"换成自己公司职位的胜任力模型，围绕自己的发展，每 1~2 个月和你的领导做一次职业发展谈话，及时获得领导的反馈和指导，走上职业发展的快车道。

· 3 ·

争取升职加薪，你可以用这个六页纸

小白作为新媒体运营专员，已经在公司工作了 2 年。很多同期入职的同事因为表现突出而升职加薪，而他仍然原地不动。只有每年 5% 的普遍涨薪。

小白感到很迷茫，为什么自己没有获得升职加薪的机会呢？

职场人要想争取到升职加薪的机会，不仅需要努力工作，更需要对职业生涯有一定的规划。

在本节中，我会为大家提供升职加薪的"三步法"。

▶ 升职加薪的"三步法" ◀

第一步：职业选择

"选择大于努力"，这句话说得深刻而实用。要想升职加薪，不仅需要付出艰苦的努力，更需要考虑如何选择。

怎样选择理想的工作？吉姆·柯林斯的"刺猬理论"提出了如下选择原则：要在你热爱的事情、你擅长的事情和能赚钱的事情中找到交汇点。

- ### 选择自己热爱的工作

选择自己热爱的工作，对升职加薪至关重要。例如，小白和小红在同一家公司工作。小白选择了他热爱的技术岗位，他不仅努力工作，充满热情，还积极学习业务知识，这使他逐渐晋升为高级职位，并得到丰厚的薪酬回报。相比之下，小红选择了不太感兴趣的客服工作，每天都处于乏味和厌烦的情绪中，由于缺乏激情和积极性，她一直停滞在基础岗位，没有任何晋升机会，也没有得到加薪。可见，选择自己热爱的工作是获得升职加薪的必要条件。

微软公司的创始人比尔·盖茨和苹果公司的创始人乔布斯，都是在大学时就选择了自己热爱的事业，并最终成为世界级企业家。当然，不是每个人都需要辍学创业，但这并不妨碍我们在工作中选择自己热爱的方向。有些人可能从小就知道自己喜欢什么，而有些人则需要通过实习和工作经历来了解自己的兴趣和激情所在。

临近毕业时，我曾分别在学校办公室和一家外包软件公司实习，发现它们都不是我想要的工作。最后，我选择了售前工程师这个既需要技术又需要与人打交道的工作。它是我职业生涯的起点，让我感到满足和充实。多尝试一些不同的工作，虽然不一定能让你知道自己喜欢什么，但可以让你清楚自己不喜欢什么。

除了选择自己热爱的工作，有机会的话尽量选择一个好的领导。一个好的领导能帮助你提升专业水平、给你传授职场经验，提升你的职业素养，为你的职业发展提供更好的引导和支持。这样的领导并不容易遇到，需要在工作中慢慢发现。

留意你内心的声音，而不是外界的杂音，选择自己热爱的工作，始终坚持学习和努力，这样你就能找到自己的兴趣和热情所在，实现职业发展，迈向成功之路。

• 选择能赚钱的工作

一件事情是否赚钱，除了影响生活的富足与否，很大程度上也反映了这件事情的价值。

说到赚钱，我们会想到什么？首先是选择上升中的行业，尤其是正在成长的行业，如高科技行业。

在20世纪90年代，电信行业经历过一段高速成长期；在21世纪头十年，IT行业无疑是高薪行业；而在21世纪10年代，互联网行业更是迅速扩张；最近几年，人工智能、半导体等也值得关注。在选择行业时，一定要了解行业的发展情况。

贝佐斯在30岁时，发现互联网以每年2300%的速度增长，于是他选择辞去对冲基金的高薪工作，创办电子商务网站，这就是选对了赛道。

除了赚钱的行业，最好选择上升中的公司。那些正在成长的公司，有更大的发展空间。我的一位同学，2004年毕业后加入了当时还很小但正在高速发展的腾讯公司。当时他的判断是，互联网的硬件建设达到顶峰之后，内容供应商肯定会大有作为。果然，没过几年，他手上的股票就翻了几倍，早早实现了财富自由，成了一名投资人。

选择能赚钱的工作，是比努力更重要的，也是快速升职加薪的捷径。

- **选择自己擅长的工作**

如果你不知道自己热爱什么，也不知道什么工作能赚钱，那么就选择自己擅长的工作吧。

毕业后或刚开始工作时，你可能还不清楚自己擅长什么工作，但经过 3 至 5 年的经验积累，你会逐渐发现自己在哪些方面有优势。贝佐斯在大学时加入普林斯顿学习物理，有一次，他做了几天都没做出来的题目，一位同届的同学几分钟就做出来了，他备受打击，发现自己对物理学缺乏天赋，于是转而学计算机。

在职场中同样如此，找到自己的优势并付出努力，比盲目弥补劣势更有利于职业发展。

如果实在不会选择，可以先选择和自己大学专业一致的行业。科班出身会让你对自己所在行业的认知更深入，也能更好地在这个行业建立人际关系网络。

我有一个高中同学，本科上了北京大学，读的是文科专业。但他非常清楚自己擅长数字金融类工作，所以在大学期间又自修高等数学，毕业后去美国的杜克大学读了硕士。他在金融领域表现出了非凡的天赋，毕业后进了一家投行，又很快从投行跳到知名的私募基金公司，操盘几十亿元的项目，迅速实现了财富自由，活成了很多人都想成为的样子。

选择擅长的工作能够为你带来更多的发展机会和更高的收益。

- **如何做到热爱、擅长、赚钱**

如果你真正想获得升职加薪，就需要慢慢满足 3 个条件：热爱、擅长和赚钱。然而这 3 个条件不容易同时具备，因此我们需要从自己最看重的某个条件开始。

很多"70后""80后"原生家庭条件一般，他们通常会先选择赚钱的事情来做。"90后""00后"原生家庭条件好一些，可以更加自由地选择自己喜欢的工作。从自己最看重的岗位开始做起，然后慢慢调整，在不同的岗位中轮换，例如从产品经理到用户运营，从售前工程师到销售。我本人是从技术岗位转型到销售岗位，从销售岗位转型到管理岗位，又从管理岗位转型到市场拓展岗位，最后到了管理研究岗位，20年间转型了5次，这些转型都有一定的延续性（在同一个行业），又有所不同。

对毕业生来说，他们可以在自己所学专业领域邻近慢慢找到自己擅长的事和感兴趣的事，在这个基础上再不断迭代和改进。

充分发掘自己的优势、不断转型，才能获得更大的成功。

马化腾是腾讯公司的创始人，在创业之前他是一名程序员，他不仅擅长编程，而且对互联网无比热爱。创业后他逐渐从技术人员转型到产品经理，发掘了即时通信的巨大商业价值，发明了QQ。后来他转型为一名成熟的企业家，通过收购和创新，不断进入新的领域，将腾讯公司变成世界上最有价值的互联网公司之一。

李嘉诚说过："合理地安排自己的时间，将自己擅长的事情做好，才能使得自己的天赋更有价值。"通过寻找你擅长并热爱的事情来迭代自己，你会发现升职加薪会变得更容易。

第二步：职业规划

要以终为始，一年一个小台阶，三年一个大台阶地在职场上提升自己，了解不同职级对能力的要求，选择走专业线或管理线，以三年为一个周期，积极努力，不断提升自己的技能。在职场中，要做好每月、每年的复盘，通过与领导和同事沟通，根据他们的反馈不断改进和提高自己。

人的职业生涯仿佛是一场漫长而艰辛的马拉松。一位顶尖的马拉松运动员曾总结，要跑完一场马拉松，需要将路程分解为一小段一小段的目标。同样，我们的职业生涯也应该以小单位进行规划。从 22 岁参加工作开始，到 60 甚至 65 岁退休，我们大约有 40 年的工作时间。这 40 年的时间应该被分为一个个小的时间段，每三年为一个周期。

为什么要以三年为单位做一个相对长的计划呢？人经常高估自己一年能做的事，又会低估自己三年能做的事。在这三年时间里，无论是打工还是创业，我们都可以把每一年当作一个短期计划来执行，然后在三年内完成一个相对长的计划。这种分段式的计划和目标设置，可以让你的职业发展变得更加脚踏实地。

那么，在每个三年里，我们应该发展自己的哪些能力呢？

这就需要了解不同职级的岗位要求，然后才能有针对性地努力。

以苹果公司的客户服务人员为例。他们在刚入职时可能是销售专员，需要具备行动力和执行力，以及出色的客户服务能力，满足初级岗位的要求。工作了 2～3 年后，就需要进一步发展自己的能力，提高销售能力，建立商业思维，成为一名销售专家。随着职级的提升，老员工要能达成初级员工达成不了的订单，并与商务客户进行高效沟通，具备中级岗位所需的能力。

同样，对于阿里巴巴的程序员，不同级别对能力的要求也不同。P5 级别的程序员需要具备较为扎实的代码开发基础，能逐渐独立完成项目开发。P6 级和 P7 级则需要更高的技术能力和业务理解能力。

职业发展不是一蹴而就的，需要有目标地规划职业道路，了解不同职位的能力要求，以便更好地把握职业机会，实现更快的发展。

第三步：职业复盘

• 用六页纸复盘职业发展和迭代自己

有了方向和目标后，如何才能知道自己做得怎么样，以及接下来应该如何努力呢？

你可以根据不同职位的胜任力模型，写一个"职业发展六页纸"，不断地迭代，提升自己对更高级职位的胜任力，一步一步地实现自我发展。

比如说你是一名销售经理，那么你需要先了解自己当前的胜任力模型，也就是销售经理一职需要的技能、知识和价值观。然后，用 STAR 原则总结自己的工作经验和成果，并将其分门别类地写在六页纸上，以帮助自己更具体地了解自己的优势和劣势，知道自己哪些方面需要改进，哪些方面可以加强。

每月、每年的复盘也很重要。你可以对照我们前面讲过的胜任力模型和 STAR 四点法，每个月进行一次复盘，看看自己这个月在工作中有哪些进步，哪些方面还需要努力改进。你也可以每年对自己进行更深入的复盘，以便更清晰地了解接下来该往哪个方向发展。

在这个过程中，领导和同事的反馈是不可少的。你可以向他们请教和咨询，听取他们的意见和建议，看看他们对你的工作有哪些看法和评价，这些反馈可以帮助你更好地了解自己的工作表现。根据这些反馈，修改和调整个人发展计划，不断自我迭代。

只有了解职位要求和自己的胜任能力，做好规划，持续不断地获得反馈并自我迭代，你的职位才能逐渐得到提升。

▶ 用六页纸自我迭代，升职加薪只是时间问题 ◀

用六页纸写晋升文档

在亚马逊公司，也就是六页纸文化最强的公司，所有员工想要晋升，必须写一份晋升申请文档。

这份文档可以帮助我们了解自己的职业路径和职业规划，包括职业目标、职业发展方向、职业成功的关键因素等。即使在没有类似机制的公司中工作，写下这份文档，你也能够清晰地了解自己的职业能力和发展方向，方便你在换工作时展示自己的价值，并帮助你更好地确立自己在不同阶段的职业目标和规划。

下面我们会给大家展示，如何用 AI 帮自己撰写晋升文档的初稿，这个过程会综合运用前面几节使用的胜任力模型、STAR 格式、工作描述等。

用 AI 生成晋升文档

下面是一个生成晋升文档的超过 600 字的长 AI 指令。

你是一位管理新媒体运营团队多年的领导者，培养和带领团队的经验丰富。你需要给你的员工小白写一个晋升申请文档，把他从运营专员升级到运营专家，这份文档将在晋升会议上和其他部门经理一起讨论，决定是否通过。

这个晋升文档由 14 项亚马逊领导力准则（客户至上，主人翁精神，创新和简化，决策正确，好奇求知，选贤育能，最高标准，远见卓识，崇尚行动，勤俭节约，赢得信任，刨根问底，敢于谏言、服从大局，达成业绩）以及与他最相关并且他表现得最好的 5 项能力组成。

领导力准则的每一项，都要对应他工作职责所需要的 1～2 项职责和能力（熟悉微信、视频号、公众号推广、社群运营。工作描述：制订"六页酷"小程序的推广计划，选择合适渠道进行推广，完成推广指标，不断优化推广效果。能力要求：精通微信推广与新媒体运营，有创意与数据驱动能力等）。

你需要使用 STAR 格式对应每一项能力写 1～2 个小故事，每个小故事都包含情景、任务、行动、结果四项。其中情景要包含故事的时间、地点和团队分工情况。任务最好是定量完成的目标，并符合 SMART 原则。行动要包含最少 3 个步骤。结果需要和任务对应，并说明结果是达到预期、未达到预期，还是超出预期。

请使用逻辑严密的讲述，每一个故事都发生在过去两年内，要有具体的时间、地点、人物（或配合部门），目标要有时间线和量化指标。

通过以上 5 项领导力准则，证明他已经具备了运营专家的能力，然后再列举 14 条亚马逊领导力准则中另外 1～2 项领导力准则，表明他还有提升空间，并给出为他设定的改进计划。改进计划发生在未来 3～6 个月，要有时间线、可量化、可衡量的指标。

在晋升申请文档的最后，判断这名员工已经达到晋升标准，并请大家给予反馈。

该指令是这样设计的。

首先，请 AI 扮演自己的经理，给你写一份晋升申请文档，要从 A 岗位晋升为 B 岗位，比如从 L4 升职到 L5，晋升申请文档则以公司的价值观和胜任力模型为基础。每一项领导力准则，都对应了对该工作岗位的工作描述。我们是以亚马逊公司的 14 条领导力准则为例的，你可以把它替换成自己公司的价值观或胜任力模型。

我们可以看到，工作描述也对应了工作的职责和所需能力，每项能力都要用 STAR 格式写 1 ~ 2 个包含情景、任务、行动和结果小故事。

而且，结果要和任务相对应，要说明是否达到了预期。如果大多数都达到了预期，就证明你已经具备了更高一级工作岗位的能力。

人无完人，所以最后还要再列举 2 项需要提高的能力，要有具体的改进计划。这个改进计划要以有时间线的，可量化、可衡量的指标来呈现。

在晋升申请文档的最后，要判断自己是否已经达到了晋升标准，并请大家给出反馈。

这份 AI 指令非常长，而这个长指令，可以生成一个非常详细的高质量初稿，以下是生成的结果。

晋升申请文档示例

这份晋升文档的目的是推荐小白晋升为运营专家。

在过去的两年中，他通过对微信、视频号、公众号推广和社群运营的深入研究，成功地制订并实施了"六页酷"小程序的推广计划，并不断优化推广效果。我将根据亚马逊公司的 14 项领导力准则和他在这些准则中表现出的能

力，来证明他已经达到晋升为运营专家的标准。

1. 客户至上

情景："六页酷"小程序下载量低下，用户评价得分较低

任务：提高上述小程序的下载量和用户体验

行动：设计并执行活动和促销计划，提高上述小程序的下载量

结果：上述小程序的下载量增加了 50%，用户评分提高了 10%

情景：用户反馈缺少某些功能

任务：解决用户反馈的问题

行动：开发"六页酷"小程序的新功能，改善用户体验

结果：用户回流率增加了 20%

2. 创新和简化

情景：数字内容生产效率低下

任务：提高数字内容的生产效率

行动：引入自动化工具，减少人工干预

结果：数字内容的生产效率提高了 30%

情景：社群运营效果不佳

任务：提高社群运营效果

行动：开展新形式的线上互动活动

结果：社群粉丝数增加了 40%

3. 远见卓识

情景：公司需要新的社交媒体推广策略

任务：为公司提出新的社交媒体推广策略

行动：研究市场的趋势和竞争对手的发展策略，并制定新的推广策略

结果：实施新策略后，"六页酷"小程序的下载量增长
　　　 了20%

情景：新的社交媒体平台出现并快速发展

任务：预测新的社交媒体平台的发展趋势

行动：研究新平台的用户群体、特点和潜在机会，并
　　　 尝试使用新平台进行推广

结果：成功地获得了新平台上的用户关注，并将其转
　　　 化为"六页酷"小程序的下载量

4.勤俭节约

情景：小程序的推广成本过高

任务：降低小程序的推广成本

行动：精细化投放，优化投放渠道和投放方式

结果：推广成本降低了20%，但小程序的下载量仍保
　　　 持稳定

情景：社群运营需要投入大量人力

任务：减少社群运营的人力投入

行动：引入自动化工具并开展线上活动

结果：节省了20%的人力投入，社群效果得到了提升

5.选贤育能

情景：需要招聘新成员加入运营团队

任务：招聘新成员加入运营团队

行动：参与面试并培训新成员

结果：成功招募2名新成员，并帮助他们快速适应工
　　　 作环境

情景：需要给其他同事传授运营经验

任务：给其他同事传授运营经验

行动：定期组织内部培训和分享会

结果：其他同事的运营能力得到了提高，团队的整体工作效率也得到了提升。

除了以上5项领导力准则，小白还需要在以下两方面有所提升。

1. 进一步强化**刨根问底**和**敢于谏言、服从大局**的能力，以更好地为公司的决策和战略提供意见和建议。在未来3～6个月中，他应对公司的竞争对手、市场趋势和用户反馈等方面进行更深入的研究，并提出更具前瞻性和可操作性的建议。同时，他应积极参与各种决策和讨论，勇于提出自己的看法和观点。

2. 进一步关注**最高标准**和**达成业绩**的能力，在未来3～6个月中，他应制订并执行更严格、更明确的目标和计划，并通过分析数据和调整策略来确保实现预定目标。

最后，基于小白在工作职责中表现出的能力和在亚马逊公司14项领导力准则中所展示的行为，我认为他已经具备晋升为运营专家的能力。如果你对此有任何疑问或反馈，请随时与我联系。

晋升申请文档详细解释

我们简单分析一下这份**六页纸晋升申请文档**的结构。

先描述了需要了解的具体工作和一些具体的职责，并用总分总的形式进行阐述。

接下来，对与小白最相关的5项领导力准则进行了逐一分析。

第一个是客户至上，因为小白的职责是面向客户的。它详细阐述了小白在客户导向方面的能力，包括对情况的应对、任务的执行，以及对结果的量化。通过自己的努力，小白提高了小程序的评价得分，使用户评分提高了 10%，下载量也增加了。此外，他还通过跟进用户反馈，改善了小程序的功能，提升了用户体验以及用户的回流率。这些结果都得到了量化且与他的工作职责和领导力准则相匹配。但是，AI 生成的这篇文档讲述的故事过程稍显简短。我们可以用真实情况和场景进行补充。

AI 生成的结果为我们提供了格式参考，包含了大量数字和事实，这种基于数字和事实的文档具有很强的说服力。

继续阅读上述文档，我们可以看到根据创新和简化、远见卓识这两项领导力准则生成的 4 个具体例子。这些例子与之前提到的情况相似，都包含了公司遇到的问题、分配给小白的任务和他的具体行动及结果。这些例子为创新和简化、远见卓识这两项领导力准则提供了素材。

最后两项领导力准则是勤俭节约和选贤育能。由于小白从运营专员晋升为运营专家，需要具备选贤育能的能力，包括招聘员工和给其他同事传授经验的能力。相对而言，这五项领导力准则中的大部分在生成的结果中表现较好。至于勤俭节约这项准则，需要考虑公司的文化，并不是所有公司都会要求勤俭节约。总的来说，在新时代，提高人效、用更小的投入达到更大产出，可能是大多数公司需要的。大家可以参考 AI 生成的这些例子，将它们替换为自己的实际情境和故事。

重要的是，每个人都有优点和缺点，都有需要提高的地方。为了更深入地了解自己的能力和潜力，你需要对自己进行全面的评估和刨根问底，并提出具体的建议和改进计划。这个评估包括对业绩的详细分析，对经验教训的总结，还要包括制定更高的业务目标，继续提高业务能力等。

在这个过程中，我们发现小白的工作表现很好，但也有需要提高的地方。根据评估结果，小白已经具备晋升为运营专家的能力，接下来就可以拿着这份文档，寻求其他同事和领导的具体建议与支持，以帮助自己实现晋升。

总之，如果你想争取升职加薪的机会，就需要掌握方法论并善用工具，尤其是用好六页纸文档和人工智能，有较好的自我认知并做好自我诊断。但最重要的是保持积极向上的态度和持续不断的努力，才能够实现职场成功和个人价值的最大化。

第 2 章

用六页纸高效工作

· 1 ·

每天感觉很忙，但又好像啥也没干

在第1章中，你了解了如何从"人"的角度面试、汇报工作和争取升职加薪，实现职业发展。

这一章，你可以从"事"的角度，对日常工作进行拆解。

虽然在很多公司里"人"和"事"不能完全分开，但目的是不一样的，"人"的目标是实现个人的职业发展，而"事"更多是为了达成公司的目标。把"人"和"事"结合起来，才能让个人目标和组织目标保持一致。

> 小金同学参加工作一段时间了，但他总是觉得自己的工作效率非常低：
>
> 首先，每天到了公司不知道该做什么，经常是忙了一整天，但好像什么也没做。这种毫无成就感的工作状态不仅影响了他的工作积极性，也让他心生无奈和无力感。其次，同事们经常加班，为了不显得太特别，他常常到了快下班时才开始工作，为了加班而加班。最痛苦的是，他每天大部分时间都花在了沟通上，包括回复邮件、微信消息等，下班时才发现时间并没有用在本职工作上。尤其是他

所在的团队经常开会，一些领导特别喜欢开时间很长的会，从头讲到尾，每次讲的都是差不多的内容。

工作效率低是很常见的问题。有的人会感觉工作无聊乏味，缺乏动力和目标，于是产生拖延、工作效率低等问题。

那么，工作效率低的主要原因是什么呢？

▶ 工作效率低的原因 ◀

德鲁克认为，知识工作者工作高效的最大障碍是组织本身。组织往往成为管理者的囚笼，使得他们难以专注于成果和贡献。在组织中，管理者面临以下 4 个挑战。

时间不属于自己：在组织中，管理者的时间往往被上级、平级、下级和合作伙伴占据，导致他们无法自主安排时间。

处理繁多的紧急事务：在组织中，各种紧急事务会不断涌现，使管理者难以专注于重要任务。

组织协同挑战：知识工作者往往需要与其他人配合才能完成工作任务，协同合作成为一大难题。

内部事务阻碍了对外部环境的觉察：随着组织规模的扩大，内部管理问题和事务会占据管理者的大部分时间和精力，使他们无法关注外部市场和客户需求。

要克服这些障碍，德鲁克建议知识工作者养成良好的习惯，专注于成果和贡献，以实现卓有成效的工作。

经过以上分析可以看到，工作效率低的主要原因可以归结为：缺乏明确的目标、不能有效进行时间管理、沟通碎片化。

当工作目标不明确时，人往往会感到迷茫，不知道该做什么、该怎么做、要达到什么标准。这种目标感的缺失会导致工作的散漫和低效。缺乏时间管理同样会导致工作效率低下，缺乏时间计划的一天，很容易被浪费掉。还有就是时间的碎片化，当你专注于一项任务时，突然被不相关的事情打断，会需要花费更多的时间来重新集中注意力。

针对这几个原因，我们在本章给出一种方法，帮你做好任务管理和时间管理。

（1）使用 AI 设定清晰的工作目标和计划。

（2）每天用清单体和番茄工作法进行任务管理和时间管理。

（3）用在线文档工具，使用整块信息进行沟通并高效协作。

这个方法，我称它为"在线番茄清单法"。

· 2 ·

用 AIGC 分解目标，分段跑完"工作马拉松"

在上一节我们看到，每个人的工作岗位都由若干职责构成，而每一项工作职责又会落地成一个个具体的项目。

比如小明负责公司的新媒体运营，那么，新媒体运营的工作就可以具体分为公司的公众号运营、公司的视频号运营。通过公众号和视频号转化粉丝进行的社群运营……这就变成了一个个具体的项目。

要把具体的项目做好，就需要设定目标和工作计划。

▶ 用一页纸做好目标管理，做什么事情都思路清晰 ◀

目标管理方法是由被誉为现代管理学之父的德鲁克在 20 世纪 50 年代首次提出的。德鲁克提出的目标管理方法，被广泛应用于企业管理。他认为，一个企业要实现预期目标，必须采取有意识、有目的的行动来改变环境，只有这样才能真正地进行管理。

可见，在管理企业时，根据目标进行管理是至关重要的。

这种方法需要明确目的（why）、目标（what）和举措（how）三个方面。

目的是什么？即首先要明确为什么要做这件事，为项目提供基本的方向。

目标是对目的的实现提出具体的要求，即明确做这件事要达成的价值和结果。

而举措是支持目标实现的具体措施，通常包括资源调配、组织建设、任务分配等。

例如你打算减重，那么你的目的就是变得更健康、更自信，这是定性的要求。你的目标就是在一段时间内减重多少，也就是定量的要求。为了实现这个目标，你需要采取很多举措，如控制饮食、增加运动量等。

这就是目标管理的三个方面：目的、目标和举措。

可见，在日常生活中，我们都在进行着目标管理。良好的目标设置和严格地执行举措，能够帮助我们更好地实现自己的目标，更好地发展自我和提升生活品质。

| 明确目的 |

我认识的一位金融科技公司的首席技术官（CTO），他说他做项目的目的是通过高科技手段，帮助银行发现 10 个风险项目。这就是一个目的不明确的例子。他并没有把项目的意义说出来：发现 10 个风险项目对银行的价值是什么？是能够探索创新的金融科技手段，提高效率，还是降低大额损失风险？如果客户的领导看了，就不知道这个项目对自己银行的意义是什么。

又例如我们去旅行，只说旅行的目的是每天走 30 千米，但不知道往哪个方向走，是从北京出发，往北走去哈尔滨，还是往南走去深圳？如果不清楚最终目的，就可能迷路。

为了在执行计划时更方便地判断自己是否朝着正确的方向前进，以便后期精确地评估"目的"的实现效果，我们需要将模糊的"目的"转化为可衡量的"目标"。

例如，我们的目的是"从北京去上海，完成拜访客户的任务"（见图2-1）。

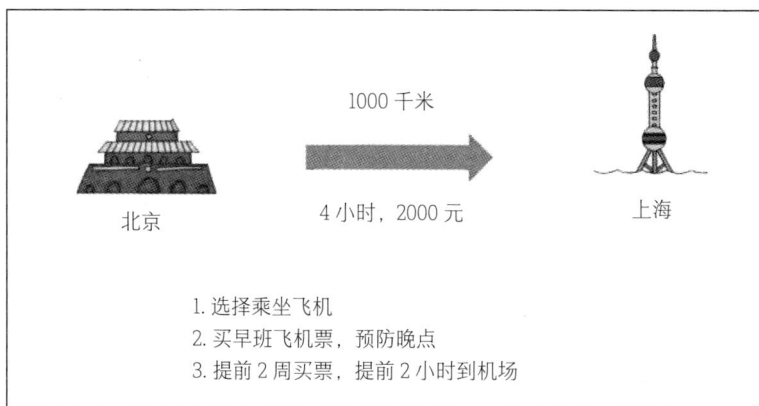

图 2-1　执行计划示例

设定目标

目标和目的的主要区别在于，一个是定性的，一个是定量的。

比如说，我们把"从北京去上海，完成拜访客户的任务"作为目的，那么出行1000千米就是目标，即可量化的产出指标。

很多时候，我们在定指标时往往只关注产出指标，而忽视了投入指标。

比如从北京去上海，我们可以乘坐飞机、乘坐高铁或开车，有些人可能愿意花费几天的时间开车前往，也有些人希望花几小时就能赶到；甚至有人会租私人飞机来一场豪华游。

达成相同的产出目标，投入指标可能天差地别，所以说，我们需要关注产出，更需要关注投入。仍以从北京去上海为例，我们可以规定在 4 小时内到达和预算在 2000 元以下，这两项就是这个场景的投入指标。

| 制订举措 |

目标管理不仅包括一开始设定的目标，还包括举措，也就是在起初的设想中，实现目标的办法。举措可以是实现目标的行动方针或取胜方法，可以是达到什么程度，还可以分解为计划完成的重点事项或要采取的关键行动。

以从北京去上海为例，我们可以选择乘坐火车或乘坐飞机。如果选择乘坐飞机，则需要买早班飞机票，要预防晚点，才能按时达成目标。具体的行动就包括提前 2 周买票，提前 2 小时到机场等。

通过分解，我们可以更好地理解达成目标需要哪些具体的行动。把一个项目分解成目的、目标和举措，我们就完成了项目分解。

▶ 用 AI 一键生成一页纸目标 ◀

下面我们就通过上述方法，用 AI 生成一页纸的项目目标。

以下是为此拟定的 AI 指令。

> 请为公众号的一次推广活动制定一个可量化的产出指标和 3 个可控、可量化的投入指标，投入指标包括人天、预算等，最后给出完成目标的 3 个具体举措。
>
> 一个 3 人团队，团队名字叫 FS，用 4 周时间用公众号进行推广活动；面向青年留学生群体，推广一个时尚服装品牌；服装的面料可循环使用，提倡绿色环保的生活方式。
>
> 在设定目标时，请使用一些数据，使其显得更加真实。

注意，这里使用的是虚拟数据，在实际情景中，你需要将这些内容替换成自己的相应数据。

以下是 AI 生成的一页纸项目目标。

目的

用公众号进行推广活动

面向青年留学生群体，推广一个时尚服装品牌

服装的面料可循环使用，提倡绿色环保的生活方式

目标

产出指标：公众号新增关注人数 1000+

投入指标一：4 周时间，3 人团队，每人每周 40 小时，总计 48 人天

投入指标二：营销预算，包括内容产出、资源采购、推广费用等，总预算 4 万元

投入指标三：推广次数，包含文章发布、短视频发布、活动举办等，总次数 20 次

举措

（1）热点选题：结合当下热点，采用口播形式创作文章和视频

> （2）内容制作：制作与主题相关的内容，并保证内容的原创性和连贯性，保证视觉效果
>
> （3）运营社群：与粉丝互动，转化用户，并从用户中获得反馈

从这个目标文档中，我们可以看到明确的目的、目标和举措，便于领导和同事清晰明确地理解你的项目。

▶ 用 AI 制订初步计划 ◀

接下来我们进入制订计划的部分。

对某些创新型和探索型的项目，制定目标不是必需的，目标是我们前进的方向，也不一定要达到。但制订具体计划，对很多工作来说是非常重要的。

以下我们就使用 AI 制订一个初步计划。注意，这里需要把 AI 生成的上述目标文档输入 AI 作为 AI 指令。

> 请为公众号的一次推广活动制订可实施的工作计划。
>
> 组建一个 3 人团队并做好分工，说明每个人每周所要完成的具体工作。
>
> 一个 3 人团队，团队名字叫 FS，花 4 周时间用公众号进行推广活动；
>
> 面向青年留学生群体，推广一个时尚服装品牌；
>
> 服装的面料可循环使用，提倡绿色环保的生活方式。
>
> 产出指标：公众号新增关注人数 1000+
>
> 投入指标一：4 周时间，3 人团队，每人每周 40 小时，总计 48 人天
>
> 投入指标二：营销预算，包括内容产出、资源采购、

推广费用等，总预算4万元

投入指标三：推广次数，包含文章发布、短视频发布、活动举办等，总次数20次

AI生成的计划如下。

团队分工

A：文案编辑，负责原创文章及短视频内容的策划和制作，每周需完成3~5篇原创内容的发布

B：活动策划，负责线下活动的策划和执行，每周需完成1次线下活动的举办

C：社群运营，负责公众号的日常运营及各渠道的推广方案制订和执行，每周需完成3~5次推广

每个人每周要完成的工作

A：每周发布3~5篇原创内容（文章＋短视频），共计12~20篇

B：每周举办1次线下活动，4周内完成4次线下活动

C：每周推广3~5次，4周内达成12~20次推广

具体的四周工作计划如下。

第一周

A：发布3篇原创文章，2个短视频，共5篇内容

B：策划并执行第1次线下活动

C：推广5次

第二周

A：发布2篇原创文章，3个短视频，共5篇内容

B：策划并执行第2次线下活动

C：推广4次

第三周

A：发布2篇原创文章，1个短视频，共3篇内容

B：策划并执行第 3 次线下活动

C：推广 3 次

第四周

A：发布 2 篇原创文章，1 个短视频，共 3 篇内容

B：策划并执行第 4 次线下活动

C：推广 3 次

　　可以看到，这个计划非常详细。先根据项目对 3 人团队进行了分工，又把具体任务分解到了 4 周内。团队 3 人小组在对计划的初稿进行修改后，就可以开工了！

　　这一节我们使用 AI 制订了包含目标、目的、举措的详细的工作计划。下一节讲到的"在线番茄清单法"可以帮我们将项目分解成每一天要完成的任务，进行日常工作的管理，这样一来，你会发现，每天的工作都有很强的目标感。

· 3 ·

用在线番茄清单法安排时间，
3 小时干完 8 小时的活

我们先来看一个非常普遍的工作场景。

> 小明来到公司，今天好像有很多任务，但是他不知道从哪项任务开始做起，于是他打开电脑，看了一遍公司各个部门发来的邮件，回复了飞书群里的几条信息，不知不觉上午的时间过去了。
>
> 下午，他又被几个部门拖去开会，在会上他积极发言，很快下午的时间也过去了。
>
> 一转眼到了下班时间，他突然想起还有一个重要的报告要交……今晚只能加班了。

这是很多职场人熟悉的场景：每天充斥着漫无目的的被动工作。

被动工作效率不高，让人把大部分时间都花在协同、开会、看邮件上，而不是把时间放在最重要的工作上。

你可能要问，我们应该如何高效利用时间，争取工作得积极主动呢？

答案就是：使用六页纸的在线番茄清单法。

▶ 什么是在线番茄清单法 ◀

在线番茄清单法是两种工作法的合体，即"清单体"和"番茄工作法"，以在线文档的形式呈现。以下先分别介绍清单体和番茄工作法。

清单体

清单体，英文写作 listicle，由"清单"（list）和"文章"（article）两个词组合而成，是一种新兴的社交网络文体，网络牛津词典在 2014 年 8 月的季度新词盘点中收录了该词，它是指互联网上以数字标注或分行罗列的清单作为主要形式的文章。这个词是网络时代的产物，这种文体也被认为是这个时代信息传播的重要方式。

以下标题就是典型的清单体：

"一个人越活越幸福的 27 个小方法"

"收纳小物件的 33 个方法"……

通过制作一份详细的清单，把每个任务的内容和截止日期都列出来，我们就可以清晰地知道自己的工作进度计划。当遇到突发事件时，可以迅速查看清单，合理调整工作的优先级。清单体可以帮助我们有条不紊地完成各项任务。

如果把工作比作做菜，没有食材清单，会很容易迷失在各种食材和炉灶之间，无所适从。但如果事先拟定了一份食材清单，并根据菜谱的要求安排好各个步骤，就能够高效地完成美食的制作。

把这个方法放到相应的工作上，你可以写成"本周必须完成的 3 个紧急且重要的工作"以及"本周可以完成的 5 个重要但是不紧急的工作"。

通过制作清单，我们可以更好地管理时间，避免拖延，提高工作效率。

番茄工作法

参加长跑训练，教练会设置一个跑步距离，并将其分成若干个小段，跑完一段可以休息片刻，循环往复，直到跑完全程。这样的训练方法可以有效地提高运动员的耐力。

同样地，番茄工作法也可以帮你集中精力，提高工作效率。

番茄工作法是由弗朗西斯科·西里洛于 1992 年创立的一种简单的时间管理法，可以提高工作和学习的效率。

番茄工作法的思想是：将日常工作时间分割成若干个计时单元，每个单元 25 分钟，称为一个番茄钟。在番茄钟之间，我们可以进行合理的休息放松。在番茄钟进行时，保证把精力集中在工作上，不接受被打断和分神。

番茄工作法的核心流程如下。

（1）每天早上到公司后，先拿一张纸（或者是本子中的一页），用清单体写下当天应该做完的事情。

（2）将这些事情按优先级排序，然后大致估算所需时间，将其拆分成若干个番茄钟。

（3）设置番茄钟倒计时，同时开始完成第一件事的第一个番茄钟。

（4）在番茄钟倒计时期间，集中精力只做事先安排好的事情。

（5）在番茄钟结束后，休息 5 分钟，走动放松一下，然后继续完成下一个番茄钟，直到完成自己的任务。

（6）每完成 4 个番茄钟（即 2 小时），休息 15~30 分钟。

这种方法看起来非常简单，在实际工作中，它能够非常高效地帮你集中注意力。

程序员在编程时通常需要较长的时间来整理思路和编码，产品经理需要仔细思考交互稿，设计师需要构建设计细节，这些工作都需要投入极大的专注力。

番茄工作法能让你大大提升时间利用率。

合成的"在线番茄清单法"

把番茄工作法和清单体结合在一起使用，并以在线文档的形式呈现，就是六页纸的"在线番茄清单法"。

你可能会说，这不就是传统的"待办清单"吗？你说对了一半，把这个清单搬到线上，和以往的待办清单有很大不同，主要表现为以下三点。

第一是有目标感。

这个番茄清单承接了上一节讲到的项目拆解，并不是一个简单的待办清单，它可以确保本周要做的任务和优先要做的项目与长期目标保持一致。

每周要做的事情的具体清单，大多来自上一节讲到的项目计划，我们要确保本周的行动和长期计划保持一致，每一周都能稳步推进项目。

你可以把长期项目文档链接到每周清单里，没事就看看长期目标和本周任务的对比，确保短期任务符合长期目标，不偏离方向。

第二是可总结。

这个番茄清单可以用在线文档的形式保存下来，并且可以链接到之前的项目文档或你的个人发展记录上，作为"工作日记"一样的附件。

每周在线文档的汇总，可以直接作为你的周报、月度"一对一"职业发展谈话、项目复盘报告的素材。这样在写月报、年度绩效考核时，你就会有一大堆"原材料"。

第三是可协作。

可协作是在线番茄清单法的另一大特点。在线文档可以是飞书、腾讯文档、钉钉文档、金山文档等。关于在线文档的使用，我们将在下一节里详细讲解。

在线文档随时可以修改，今天完成不了的任务，可以放到明天；使用在线文档，你还随时可以"@"别人，方便和团队成员协作。

和写在纸上的待办清单不同，你并不是这个清单的唯一拥有者和负责人，这个清单是共享式的，是团队协作的工具，是互联网化的"清单体"。

▶ 三步开始在线番茄清单法，高效工作 ◀

接下来，你可以试着通过以下 3 步使用这个方法。

第一步：一周开始

一周开始，你要把上一节我们制订的项目计划拆解成本周要做的具体工作，然后列出本周最重要的 3 项工作任务。

接着，按照每天的工作量将任务分配到每一天的清单中。这样我们可以直观地了解自己一周内需要完成的任务，也让我们更有目标感，可以更好地规划自己的时间。

第二步：每天的工作

列每天的工作清单，要注意把任务按照重要程度和紧急程度排定优先级。

重要程度高的任务需要优先处理，紧急程度高的任务放在其次，但不要耽误重要的事情。这样可以高效地完成任务，不至于出现许多需要赶时间的情况。同时，在完成任务的过程中，还可以使用番茄工作法来给每项任务规定完成时间。有张有弛，劳逸结合。

一天结束之后，我们需要把没有完成的工作放到次日的清单中，确保任务的连续性。当天没能完成的任务，需要按照优先级，合理地分配到后面几天的清单中，以免次日的工作过于拥挤。这样不仅可以保证任务进度的顺畅，还可以避免自己的工作情绪受到影响。

第三步：一周结束

一周结束后，你可以把本周完成的工作内容总结成周报，把没有完成的任务放到下周的待办事项中。之后，对自己的工作进行复盘，看看哪些任务完成得好，哪些任务还需要进一步完善。同时，规划好下一周的工作，避免出现任务堆积。

总的来说，使用"在线番茄清单法"可以让你更好地规划自己的工作，更好地掌控时间，以一定的节奏有条不紊地完成任务，提高工作效率。在线模式能让你的清单活起来、与其他文档联动，成为和同事们协作的工具。

这个方法不仅仅适用于工作，也适用于日常生活。如果我们能用一份清单，把锻炼、学习、家庭生活等琐事安排好，就能更好地管理宝贵的时间。

现在就和你的团队一起，开始使用你的第一个在线番茄清单吧。

· 4 ·

用在线文档高效协作，
达到工作的"心流"状态

▶ 最理想的工作状态：心流 ◀

心流，也被译为神驰、沉浸，是 1975 年由米哈里·契克森米哈赖提出的心理学概念。

心流状态是指一种处于高度专注和投入的心理状态，个体在这种状态下会感到身心合一，忘却时间和周围的环境，兴致勃勃地投入某项活动中。达到心流状态可以提高工作效率和生产力，同时也可以增强个体的自我感知和满足感。

要达到心流状态，需要遵循以下几点。

（1）**选择合适的任务**：选择有一定挑战性的任务，让你既不感到压力重重，也不感到过于容易，以确保可以让你感到愉悦的同时达到专注的状态。

（2）**集中注意力**：在完成任务的过程中，尽可能地集中注意力，把精力完全投入其中，忘却身边的环境，将意识、感知和行动融为一体。

（3）**追求自我超越**：追求自我超越并挑战现有的限制，尝试探索自身潜能并不断提高自己的能力水平，以达到更高的成就。

（4）**享受过程**：在心流状态下，个体体验到的不仅是完成任务的成就感，更是任务本身带来的愉悦感和意义感，因此，应该享受过程，而不是只注重结果。

达到心流状态需要不断地练习和积累经验，只有长期坚持和尝试，才能更好地掌握进入心流状态的方法，提升工作和生活的品质。

▶ 工作效率低下的主要原因：被打断 ◀

随着科技的不断发展和普及，我们的生活越来越离不开电子设备。邮件和即时通信软件的使用让沟通变得更加方便，但碎片化的沟通往往缺乏上下文，导致人们不断地在任务之间切换。这种切换会打断人们的思维流程和工作流程，把工作时间变得碎片化。

因此，要想进入心流状态来完成工作，必须尽量减少使用邮件和即时通信软件（微信、钉钉等），而更多地使用文档的方式进行工作。文档可以提供充分的上下文信息，让人们能够更好地了解任务的内容和目标，从而全神贯注地完成工作。

在线文档工具提供的共享文档功能，可以让多个用户在同一文档中进行编辑和协作，避免了消息的来回传递，也降低了任务切换的频率。此外，使用在线文档工具还可以让人们更好地跟踪任务进度，尤其是在多人协作的情况下，更加方便和高效。

▶ 在线文档协作工具 ◀

什么是在线文档协作工具

在线文档协作工具，是为帮助多人协同处理单个文档或文件，以完成单个最终版本而设置的工具或系统。

它允许人们使用互联网或"云"启用方法，在不同地点进行协作。在线文档为用户提供了以文档为中心的协作体验，因为它们允许用户标记文档并添加特定内容的注释，维护完整的历史版本记录，并存储与文档相关的所有注释和改动。

由于在线协作文档的出现，越来越多的公司减少了电子邮件的使用，而更多地使用文件共享和文档协作工具。

比较常用的在线文档协作工具有 WPS、腾讯文档、飞书等。我自己使用的是腾讯文档、飞书文档和钉钉文档，不仅在内部团队沟通使用，而且和"六页纸文化"的客户、合作伙伴进行社群运营和工作协作，使用它们都非常高效。

在线文档协作工具的功能

实时评论功能：你可以随时在文档中发表评论，不需要反复修改。

存在指示器：用于识别其他协作者何时活跃于共享文档。

权限：根据不同人的身份，授予访问不同文档的权限。

日志记录：每个文件或用户的最新变化。

互联网发布：能够与公司防火墙之外的用户协作和共享文件。

版本管理：对文件和文档的更改留存记录。

多媒体和文件处理：把图片、视频、文档等粘贴到文档里，作为文档的一部分或附件。

▶ 用在线文档，你的文档只需要提交一次 ◀

以往提交方案，往往需要给老板发邮件。老板对方案不满意，在个别地方批示后，会让我们重做。有时候，几个通宵完成的方案，交给老板或客户，很可能得到的回复是"重做"。还有的时候，方案交上去后，我们才发现有几个错误需要修改，非常崩溃。

这种反反复复的修改，不仅浪费了大量时间，也极大地损耗了我们的精力。

如果使用在线文档，就只需要设置好参与这份文档的人的权限，并指定某些人可以随时查看。

比如说，你和同事小 A 要负责一份报告，交给老板审阅。

你的职责是起草这份报告，负责整体设计和完成；小 A 的职责是帮助你准备报告所需要的数据；而老板是这份报告的审核人，对这份报告的最终结果负责。

你可以从做大纲、写初稿开始，就为老板开启阅读报告的权限。老板随时可以看你们写报告的进度，从你做大纲开始就介入，随时给出修改建议。

在成稿过程中，你也不再需要反复请示老板的意见，只需要直接在文档上修改，老板能够看到每一个版本的变化。如果你需要同事小 A 在特定地方补充数据，只要在这个地方 @ 他，他就知道在什么位置补充什么内容。

最后，在线文档保存了老板每一次的审批意见，以及你和小 A 的修改记录。如果有不满意的地方，可以随时回退，找到历史内容。

在线文档里可以看到文档创建者和协作者的所有修改意见和修改记录。

我在写本书的过程中，就使用了在线文档协作的方式，和编辑用一份"活的"腾讯文档，让编辑随时可以看到我写书的进度。

我每写完一章就发给编辑。编辑可以就某一个章节、某一句话，在线直接给出反馈意见。而这些反馈意见，完全不需要用邮件或微信文件发来发去，只需要用在线文档工具直接标注。我可以在手机上第一时间收到编辑的审读意见，进而做出相应修改。

用这种在线协作的方式工作，工作效率比用电子邮件高了许多倍。

▶ "在线番茄清单"一页纸 ◀

接下来，我们展示如何使用在线文档协作工具，一页纸完成一周的任务。

迅速分工与协作

开完周会后，我们确认哪些事情是团队成员本周可以独立完成的，哪些是需要协作的。

对于可独立完成的事情，尽量分配大块的时间。

| 尽量不开会 |

对于需要协作完成的事情，要尽量不召开太多的会议，尽可能使用"一对一"沟通的方法，确保沟通有主题、有目的、有针对性。

| 方便确定紧急或重要 |

这是一个 3 人小团队，在一周的开始，在这页纸的最上面，每个人都要写下本周的"重要且紧急"和"重要不紧急"两个象限的任务（见图 2-2）。只有把重点放在重要的事情上，才不会有那么多紧急的事情。

如果你觉得某件事对整个团队来说非常重要，可以劝说团队成员把这件事放到他的"紧急且重要"一栏中。

公众号推广项目周计划			
	小明：文案编辑	小刚：活动策划	小红：社群运营
重要且紧急	☐ 完成 5 篇原创内容的发布 ☐ 与小红协作完成日常推广任务	☐ 策划和执行一个线下活动	☐ 制定有效的推广方案 ☐ 与小明协商并完成活动宣传任务
重要不紧急	☐ 积极参与活动策划和执行	☐ 和小红协作完成日常推广任务 ☐ 配合小明完成原创内容的宣传	☐ 协作完成公众号推广任务

图 2-2　每周任务分类

| 把周任务分到每一天 |

以小明为例，在制定每天的日程时，他可以把"完成 5 篇原创内容的发布"这一任务分解成"周一到周五，每天完成 1 篇原创内容"，或者"周一到周五分别完成选题、搜集素材、写稿、排版、发布"这 5 步。同样，团队其他成员也把一周的任务分解到每一天（见图 2-3）。

对需要独立完成的工作，分配整块的时间。对需要协作的事情，分配相对零碎的时间。

每完成一个任务，都可以在其前面打钩，给自己一个激励，也可以让团队成员和老板随时看到自己的工作进度。

```
周一    9 月 18 日
小明
□ 9:00—11:30   策划一个主题的文章和一个短视频，开始制作；
□ 13:30—15:30   与小刚商讨本周的线下活动策划；

小刚
□ 9:00—12:00   确定本周的线下活动主题和宣传策略；
□ 12:00—13:00   午餐：和小明讨论本周的原创内容计划；
□ 16:00—18:00   与小红商讨日常推广方案

小红
□ 9:00—12:00   根据团队计划，制订本周的宣传计划；
□ 13:30—15:30   提出本周的推广方案；
□ 16:00—18:00   与小刚商讨日常推广方案
```

图 2-3　把周任务分解到每一天

链接其他文档

在工作过程中，我们随时可以把自己在工作中产生的过程文档粘贴到一页纸文档中，供同事查看。比如，小明在周一上午完成选题策划后，就可以把本周的选题粘贴到一页纸文档里。这样小刚和小红就可以迅速得到更新的信息。

此外，我们不妨把之前做过的项目文档也链接到这篇文档里，这样就可以随时打开月度项目，了解进展。

快速寻求协作

在某项任务的执行过程中，你可以在文档里 @ 其他人寻求帮助。

因为文档可以提供足够的上下文信息，被 @ 的人可以很快知道这件事情的前因后果，及时把相关资源放在文档里回复你。

比如小刚想在周一午餐时和小明讨论本周的原创内容计划，他就可以在文档里留言：

"@ 小明　请你把上午的原创内容计划文档链接发到这里，这样我们就可以在午餐时讨论它。"

小明在完成原创内容计划的文档后，可以直接把文档链接粘贴在小刚发出提示的位置。

瞬间生成周报、月报、季报

有了在线协作文档，在一周结束时，所有完成的和未完成的工作就一目了然，你能了解到自己和团队是否把时间花在了紧急和重要的事情上，你们的分工和协作是否有效。

把自己或团队一周的工作放到一起，就可以迅速生成周报。使用这个方法，可以让每个月、每个季度的工作，都以文档的形式沉淀下来，形成公司的智慧资产。图 2-4 展示了我们"六页纸文化"的实际运营文档。

2023-Q3

📇 9 月 WBR　📇 M9W1 日报　📇 M9W2 日报　📇 M9W3 日报

📇 8 月 WBR　📇 M8W1 日报　📇 M8W2 日报　📇 M8W3 日报　📇 M8W4 日报

📇 7 月 WBR　📇 M7W1 日报　📇 M7W2 日报　📇 M7W3 日报

图 2-4　运营文档

使用这个方法，我能够找到从团队创业第一天开始，直到今天的每一周的工作记录，很方便总结经验教训。这些"一页纸"就像一块块砖瓦，盖起了我们事业的高楼大厦。

▶　一页纸文档的优势　◀

使用在线文档协作进行任务和时间管理，不仅非常简单，而且有很多好处。

首先，这种工作方法非常适用于小型项目团队（5 人及以下）。每周用一页纸就能够既有分工又有协作地完成任务。它易于对任务进行分解，非常灵活。今天做不完的任务，直接放到下一天或者下一周做就可以。但是如果团队过大，尤其在任务较多、时间管理也比较复杂的情况下，使用其他项目管理软件和日历软件进行任务和时间的管理就更适合。我工作过的苹果、思科、亚马逊等大公司，都是用更加自动化的客户关系管理系统（CRM）或自动化系统（ERP）等进行任务和项目管理。

其次，易于协作。只需要在文档中 @ 团队其他成员，他们只要看到相关文档，就知道事情的来龙去脉，不需要像阅读邮件或微信那样，把每件事从头到尾再看一遍，节省了阅读的时间。

最后，易于总结。一个团队一周的工作，哪些做完了，哪些还没做，一目了然。只需要这一页纸，我们就能看清楚所有工作的进展、所有需要的资源，并能通过链接项目文档，把团队一周所需的资源文档、产出文档都放在里面。可以说，这个"一页纸"实际上可以链接很多信息，而你要做的只是把链接粘贴过来，并不需要把所有信息复制粘贴过来。

一页纸文档，相信可以解决团队任务和时间管理的大多数问题，尤其是解决工作被频繁打断的问题，帮你达到"心流"状态。

第 3 章

用六页纸高效开会

· 1 ·

PPT 是如何摧毁会议的

贝佐斯在 2004 年下令亚马逊内部开会禁用 PPT，改用六页纸，高管们认为他疯了，事实却证明，这是奠定亚马逊公司腾飞的一大基石。

▶ 一个典型的 PPT 会议 ◀

假如你是一位产品经理，参加了某销售团队的项目准备会，一共有 8 人参会，其中 3 人分别是销售员、销售总监和 CEO，其他人来自市场部、产品部、行政部等支持部门。会议目的是报告某大客户项目的进展，并寻求各部门的反馈和帮助，预计会议时长为 60 分钟，但实际情况往往是这样的。

- 前 10 分钟，销售员复盘，他讲得很棒，故事很精彩。
- 10 ~ 30 分钟，销售员一直在讲，你开始走神，销售总监认为自己很了解自己下属的工作，出去接了个电话，旁边的行政部门人员开始看手机。
- 30 分钟时，销售总监有些不耐烦地问了一个问题，他认为销售员没有讲到重点，销售员说，重点信息在后面的PPT 里。

- 40 分钟时，市场部门人员问了销售员一个关于市场经费的问题，这个问题和在场的其他人都不相关，但销售员似乎需要花 10 分钟来回答，于是有人起身上厕所，有人甚至开始用手机看小视频。

- 50 分钟时，虽然项目进展维艰，但由于销售员把故事讲得非常精彩，和市场部门人员也有充分的互动，让人觉得他对拿下项目很有把握。

- 55 分钟时，CEO 要去参加有投资人在场的战略会议，于是提前做了总结发言，表示希望销售员继续努力，也希望销售总监和其他在场人员给予销售员最好的支持。

- 58 分钟时，CEO 让大家轮流表态，你作为产品经理，拍着胸脯说一定会努力，心里想的却是"这个会好像和我关系不大"。

- 70 分钟时，CEO 走了，会议已超时，销售员讲到 PPT 的最后几页，其中一页竟然是要你修改产品特性，而且需要产品部投入 30 人天！你问他，为什么刚才 CEO 在的时候不说？

- 90 分钟时，你和销售员无法达成一致，因为你所有的人手都在别的项目上，根本拿不出 30 人天支持这个项目，你只能说，再约一个时间重开这个会吧。

以上这个会比较极端，几乎包含了 PPT 会议的各种问题，但大多数 PPT 会议都存在其中一个或多个问题。

▶ PPT 会议可能存在的问题 ◀

我们将 PPT 会议中可能存在的问题归纳为以下 3 种。

问题一：PPT 有利于演讲者浑水摸鱼。

PPT 传达的信息非常有限，作者无须深度思考，会议信息也无法有效传达。

根据 6×6 法则，一个有效 PPT 的字数是每页 6 个要点，每个要点 6 个字，也就是每页不超过 40 个字，整篇 PPT 控制在 20 页以内，即总计 800 字以内。超过这个字数，听众会不自觉地读屏幕上的字而不认真听讲，或在潜意识里抗拒信息过载。

演讲者可以将任何一个要点发散开去，往往洋洋洒洒讲了 1 小时，却是在蒙混过关。有时候讲着讲着，卡在某个话题上，便从这个话题展开，后面最关键的部分都不讲了，反正讲了很长时间了，领导要去开下一个会了。

问题二：PPT 把听众变为"乌合之众"——催眠效果极强，能带偏大多数人。

PPT 演讲是一个单向输出的过程，讲前面 3 ～ 5 页时，大多数与会者还能够聚精会神地听，10 ～ 15 分钟后，大家就会走神、略微烦躁或开始玩手机。这也是为什么 TED 演讲只有 10 分钟左右，讲 3 个故事，短小精悍，让人印象深刻，然后马上换下一位演讲者。

有人会说，可以用互动来提高听讲效率，可以让大家友好地问问题。但一旦有人在会议上问问题，首先，这会打断线性的演讲顺序，导致会议时间不够；其次，与会者提出的问题，可能和在场的大多数人并不相关，增加了大家走神的可能性。甚至，有时候与会者提出的问题是"愚蠢的问题"，只看了 PPT 上的某一张图、某一个词就提出了问题，没有看懂 PPT 要传达的信息。

问题三：基本无法形成有效决议——你说的，和我想干的没有关系。

线性会议的效率之所以非常低，除了可能卡在某个问题上耽误时间，往往还因为对最重要的问题没有进行充分的讨论，关键性的数据根本没提到，更别说引起集体的理性思考。这种会议就像演讲者一个人的游戏，或者在座"职位最高"（不一定最有智慧）的人的炫技。

因为PPT是一个人在讲，没有征询大多数人的意见，听众"口服心不服"的情况大量存在，会后大家也不认为会上提到的事是自己想要做的，其中往往只有一小部分和自己相关，大部分内容都是某个同事例行公事般的汇报，或领导拍脑门要干的活。

这样低效的会议根本无法形成群体的有效思考和决策，浪费了大量时间。

这并不是说PPT一无是处，如果是单向授课，或者公司的路演宣传，内容经过了多次打磨，此时听众只需要放空自己去接收信息，用PPT无疑是合适的。但把PPT演讲放在需要群策群力的决策性会议里，就是一场灾难。

· 2 ·

为什么六页纸开会法比 PPT 会议效率高

让我们反过来看看用六页纸文档开会的优点。

▶ 信息量充分 ◀

为了让参加会议的人充分理解会议的议题，必须把事情讲得很清楚。一份六页的文档，最多可以有 5000 ~ 8000 字，信息量远远大于 PPT 的 800 字，而充分的信息能够让与会者掌握议题的前因后果，了解一件事情的来龙去脉。

如果会议时间预计是 1 小时，可以在会议开始后设置 15 ~ 20 分钟的默读时间，让所有参会者在会议之初就通过阅读六页纸文档得到所有信息，不会遗漏。

还是前面提到的会议例子，如果使用六页纸开会法，销售员需要产品部额外投入 30 人天进行修改产品特性的请求，在会议一开始就会被提出来，参会者也会迅速讨论这个最重要的议题。

▶ 参会者更加积极主动 ◀

文档会议是一个"多线程"会议。

什么是"线程"呢？这是一个计算机用语。比如我们常用的计算器，其屏幕能显示一行字，说明在同一时间，计算器只能进行一行字母的计算。但是我们常用的笔记本电脑，既可以使用微信、打字，也可以开会、播放视频，算力得到充分的发挥。

我们可以看到，开 PPT 会议时，如果有 5 ~ 10 人参加，这些人的脑力明明可以像笔记本电脑一样"多线程"地运行，却受困于会议形式，只能像计算器一样"单线程"地被动听，这是一个巨大的浪费行为。

而在文档会议中，所有人都可以随时跳过不必要的解释和演讲，直奔主题了解自己关心的部分。比如说一份商业提案，老板主要关心结果，财务人员主要关心投资回报的部分，技术人员主要关心技术开发的部分，销售总监可能关心客户关系和客户的项目进展情况，不同的人关心的事是不一样的。

使用文档，可以让不同部门的人在了解完项目的整体情况之后，迅速跳到与自己紧密相关的部分，各司其职地深入了解和思考具体问题。

如果一个会议有 10 个人参加，那么这种"多线程"会议方式相比于"一个人讲，多个人听"的 PPT 会议，可能让这个会议的效率和讨论深度提高数倍以上。

▶ 有利于形成有效决议 ◀

六页纸会议的后 40 分钟，往往是提问和答疑的时间。会议一般由文档的所有人主持，回答所有参会者的问题，所有问题回答完毕，则会议结束。如果问题都得到了解答，则提案通过。如果还有一些待解决的问题，则需要认真记录，在会后进行跟踪。

可以看到，六页纸会议从头到尾都集中在事情的讨论上，不是演讲者带着大家的思路跑，所有参会者的注意力都集中在整篇文档上，大家会认真地了解事情的全貌，并且把精力集中在自己要关注的部分。大家群策群力地解决问题，不需要考虑演讲者是不是讲得好，而是这件事情是不是做得足够好，接下来该怎么做。

在阅读文档的过程中，参会者可以随时用笔或在线文档的编辑功能，在自己有疑问或需要回答的地方做标记，避免了在 PPT 会议里，我们想要问问题，却因为演讲人讲得情绪高涨，没有机会提问的尴尬。即使会议时间不够，所有人也都看到了参会者在文档里所做的标记，会将它们作为待定事项进行讨论。

在公司所有的决策性会议中，比如计划、复盘、项目立项、进度讨论中，都使用文档会议，准备不超过六页的文档，开启参会者的多线程阅读，用提问的方式进行协作，就能让你的会议效率提高数倍。

· 3 ·

字节跳动公司的 "飞阅会"，
把会议效率提高数倍

我们看到了用文档开会的几大好处，那么，到底应该如何使用文档而不是 PPT 开会呢？

这一节，我们将综合亚马逊公司的文档会议和字节跳动公司的 "飞阅会"，为大家总结会前准备、默读、讨论、会后归档等四个环节。

▶ 会前准备 ◀

会前准备是召开文档会议的第一个环节，也是保证会议顺利进行的关键，主要由会议主持人来完成。

第一步，拟定会议的议题和目的

会议主持人需要明确本次开会的主要议题和会议目的。议题可以是需要讨论决定的问题，比如年度的预算分配、人员规划，也可以是需要沟通更新的项目进展。明确会议的议题有利于准备有针对性的会议资料。同时，要思考会议目的，是需要领导们进行决策，还是需要进行方案评审、进展跟踪以便于获取其他部门的支持？明确会议目的有助于得到明确的结果。

第二步，确定会议时间和参会人员

会议主持人利用日历工具，根据议题性质和紧迫程度，合理安排会议时间，确定参会人员。综合参会人员的日程安排，找到一个大家都能参加会议的最佳时间点，然后通过日历邀请发送会议邀请。

第三步，准备会议文档

会议主持人需要提前准备会议文档，这是文档会议的基础。

文档中要整理好涉及议题的资料，包括议题的背景、目的、存在的问题等。每个议题都要用标题进行区分，需要讨论的重点或存在分歧的地方可以用评论的形式提出。

文档的长度要合理，一般不超过六页。如果超过六页，可将相关信息、建议放在附件中，相关数据、图片、文件等，也建议放到文档的附件中。详见第一章中关于如何写六页纸文档的内容。

第四步，设置文档权限

不同级别的会议，需要不同级别的权限。

由于会议文档中可能包含敏感或不可外泄的信息，所以会议主持人需要设置文档访问权限。比如只对参会人员开放访问权限，其他人员无法查看，以保证会议信息的安全。

亚马逊公司的高级别会议，一般会把文档打印出来，因为这些文档的很多数据比较机密，所以会选择在会议后销毁。

第五步，文档预读

会前可以将会议文档分享给参会人员，让大家有预读的时间，提前了解议题，并思考自己要提的意见。对会议主持人来说，让参会人员预读也有利于收集反馈和建议，补充完善会议文档。

因为会议本身就有默读流程，所以这一步并不是必需的。而且根据经验，参会人员大多不会预先阅读文档。

综上，会前做足准备是文档会议的关键，需要会议主持人付出一定时间和精力。这些投入能确保会议目标明确、资料充分，有助于会议高效顺利地开展，最终取得预期效果，非常值得去做。

▶ 默读 ◀

在会议开始后设置 5 ~ 20 分钟的默读，这一步非常重要，能够确保每个参会人员都提前理解会议议题，为后续讨论做好准备。参会人员可以预先独立思考，形成自己的意见，而不会被其他人的立场影响，还可以并行思考、提出问题和建议，突破线性表达的限制。会议主持人可以掌握参会人员的关注点和重点问题，有针对性地组织讨论，用文档评论功能记录交流的细节，为后续讨论提供依据。设置默读环节，避免了在会议开始时出现杂乱无序的状况，能让所有人都直接进入讨论状态。

默读环节的步骤如下。

第一步，发放纸质会议文档，或用屏幕共享会议文档

如果有条件，重要的会议尽量安排在线下，并且由会议主持人把文档打印出来。经过众多公司的验证，人们阅读纸质文档的速度和质量都高于读电子文档，所以建议在召开重要的会议，比如企业的年度经营会议时，事先把会议文档打印出来。

在异地办公越来越普遍的时代，视频会议也是一个重要的可选项，如果选择线上开会，会议主持人可以发起视频会议，使用在线文档软件，用屏幕共享会议文档。

无论是线上会议还是线下会议，会议主持人都要将之前准备好的会议文档发送到每一位参会人员的手上，或者共享到所有参会人员的屏幕上，确保每个人都能看到同一个文档。

第二步，确定默读时间，全员默读会议文档

会议主持人明确告知大家阅读会议文档的时间，半小时的会议一般设置 5 ~ 10 分钟的阅读时间，1 小时的会议一般需要 15 ~ 20 分钟默读会议文档。

在此期间，所有参会人员认真阅读文档中的每一个议题。

第三步，参会人员书面评论或提出问题和建议

在默读环节，所有人都可以对文档中的某一部分，用纸笔或在线标注的方式，直接进行评论，提出疑问或意见。

例如对方案有异议或对某个数据的准确性有所怀疑，可以给出初步的建议或改进意见。每位参会者都可以在线上或线下就文档进行书面评论。

第四步，会议主持人及时关注参会者的评论情况

在参会者默读时，会议主持人也要浏览文档，重点关注参会者的评论情况。这能让主持人及时了解大家的问题和想法，也能捕捉到大家普遍关注的热点问题。

默读环节为会议讨论做了充分的铺垫，可以提高会议效率，是文档会议的一大特色。

▶ 讨论 ◀

文档会议有助于让参会者对重点问题进行深入而集中的讨论，有助于问题的解决。在自由开放的氛围下，人们可以多角度地思考问题。

"讨论"是文档会议的核心环节，它以默读环节为基础，具体步骤如下。

第一步，会议主持人提出首个讨论议题

默读结束后，讨论议题，可采用多种方式。

第一种方式是，会议主持人根据文档结构，提出第一个需要讨论的议题。

第二种方式是，根据参会人员在文档中的评论，选择一个大家普遍关注的热点问题先行讨论。

第三种方式是，请大家先对文档的总体提出问题，然后开始逐页回答问题。

第二步，就某个议题逐一表达意见、进行讨论

会议主持人围绕议题组织讨论，让参会人员就该议题的不同方面或不同观点逐一表达意见。必要时，主持人也可以补充自己的看法。大家的目标是在平等、开放的氛围中就该议题达成共识或让事情取得进展。

第三步，及时记录讨论要点

在讨论过程中，会议主持人或指定的记录人员要及时在文档中记录讨论要点，例如重要观点、提出的问题、形成的决议等，并标注响应人，形成会议记录，为会后复盘提供依据。这一步非常关键。

第四步，对议题逐个进行讨论

一个议题讨论完毕，主持人提出下一个议题，重复第二、三步，直到文档中的所有议题都讨论完毕。最后对会议进行总结。

第五步，明确后续行动事项

对会议决议，需要明确后续的行动事项，并记录在文档的相应位置，同时设定完成的时间和要求。如果使用的是在线文档，可以在文档里面 @ 负责人。

在讨论环节要尽可能深入交流问题，形成可操作的结果输出，这是决定会议成效的关键，需要会议主持人有较高的组织能力和参会人员的积极投入。

▶ 会后归档 ◀

会后归档是文档会议的最后一步，也是整个会议过程的"闭环"。将会议内容归档，可以避免遗漏和误解，让团队检查，确保会议输出得到有效执行，为未参会人员提供信息和脉络，建立会议最终的管理机制，跟进任务进度。

会后归档具体可分以下几个步骤进行。

第一步，完善会议文档

会议主持人需要在会议结束后对会议文档进行完善，包括整理参会人员在讨论过程中对文档的添加和修改，补充完善每一个议题的讨论过程、重点内容、最终结论。检查对行动事项和责任人的记录是否准确。

| 第二步，提取会议要点 |

为了便于管理阅读，可以在会议文档开头增加一个"会议要点"部分，对会议的主要内容进行总结，如主要议题、对某些议题的重要决定、某些问题的新进展、需要优先执行的事项等。

| 第三步，设置提醒并分享文档 |

根据会议记录，对必须完成的行动计划项设置必要的时间提醒，并将完善后的会议文档分享给相关但未参会的人员。

| 第四步，跟进进展反馈 |

每个行动事项的负责人都需要按时在文档中更新进展，直至任务完结。其他参会者也可以对任务进行反馈。

综上，会后归档能让会议产出被充分利用，也使整个会议过程形成闭环，是文档会议的终点。会议主持人和参会人员都要重视这一步骤。

根据以上内容，我们将一个完整的六页纸会议流程总结如下。

会前准备
使用日历工具确认会议时间和参会人员，发出会议邀请。

提前准备会议文档，将主要议题、相关资料汇总到文档中，设置文档权限。

将会议文档分享给参会人员，让他们对会议有总体了解。

默读

会议开始后，主持人发放纸质会议文档或用屏幕共享会议文档。

参会人员默读会议文档，在这一过程中，大家可以在文档的相应位置进行书面评论、提出疑问或建议。

会议主持人可以设置阅读时间，例如15分钟。

讨论

默读结束后，会议主持人带领参会人员针对文档中的评论逐一进行讨论。

记录人员可以实时修改文档，记录讨论要点。

逐一讨论议题并得出结论，记录后续的行动安排和负责人。

会后归档

会议结束后，完善会议记录，沉淀讨论内容。

将会议文档分享给相关人员，供未参会者了解。

各负责人按文档要求更新执行进展。

综合起来，文档会议的关键是提前准备文档，在会议中注重讨论交流，并在文档中记录会议结果，明确后续行动，实现闭环管理。这种会议方式可以让准备更充分，增加相关人员的参与度，实现过程的可视化。

· 4 ·

没有文档不开会，有了文档也可以不开会

　　标题中的话是著名开源公司 Gitlab 的名言。GitLab 是世界上全面践行远程办公的最大的公司，无论是其产品（代码托管平台 GitLab）、工作方式，还是工作文化，处处都流露着浓浓的"远程风"和"透明风"。

　　这家公司因为员工分布在全球各地，无法做到面对面和实时沟通，所以整个公司的运营高度依赖文档。大家知道，开发代码需要大量的文档。该公司的工作节奏非常有意思，往往是中国的程序员写完文档下班了，欧洲的员工刚上班，打开共享文档接着干，然后欧洲的员工下班了，美国的员工打开这份文档再接着干……是实际上的"三班倒"。而这三个时区的员工很难用即时通信软件（微信、Whats App 等）沟通，也很少有面对面开会的机会。

　　Gitlab 公司可以说是一个完全使用六页纸运营的公司，它完全做到了"没有文档不开会，有了文档也可以不开会"。

　　然而，并不是所有公司都适用这种工作方式，接下来，我们来谈谈公司的文化，说说六页纸不适合哪些公司。

▶ "六页纸"的使用理念 ◀

我们帮助很多公司落地了六页纸会议法，有成功的，也有失败的。总体来说，这涉及公司文化的问题。实事求是地说，"六页纸"非常透明、高效，是一种非常理想的公司内沟通的方式，但并不是所有公司都能够很好地将它落实到位。要想做到像亚马逊公司和字节跳动公司一样高效地沟通和开会，就不得不提到"六页纸"背后的理念。只有理解这些理念，才能够更好地使用"六页纸"。

第一点，并不是所有事情都需要使用"六页纸"。

有时候我们为了抓住机会，需要迅速行动，而并不需要使用"六页纸"进行过多的深入思考。

一个行业在高速发展阶段，或者公司在初创期，遍地都是机会，很多时候思考过多会导致无法立即行动而错过机会。

贝佐斯说过一个判断"单向门""双向门"的标准：如果我们做的事情可以随时回退，那么这件事就是一个"双向门"，也就是说，从这个门进去了，随时可以出来，推倒重来的代价不大，这时就不需要在计划、讨论、协同上花太多时间，更不用写六页纸和开会；如果一件事情一旦开始就不能回退，比如人员和金钱一旦用完了就回不来了，这件事情就是一个"单向门"，这时就需要把思路厘清，做好计划，找到需要协调的资源部门，认真探讨。

在和学员的互动中，我就经常拿"生孩子"和"谈恋爱"这两件事情打比方。

"谈恋爱"很明显是一个"双向门"，恋爱双方本着自由恋爱的原则，可以不用背负太大的责任。原则上，可以随时在一起，也可以随时分手。

至于"生孩子",一旦你到了这个阶段,就意味着人生发生重大的变化,从时间、精力、经济上来说,至少在未来的 20 年甚至更长时间内,都要为了孩子的成长、教育操心。是否和你相爱的人生一个孩子,这是一个重大的决定,是一个"单向门",需要深思熟虑。

在工作中,也有类似的场景。

拿销售场景来说,给陌生客户打电话,即使失败了也不会有太大的损失,可以拿起电话再打,这就是一个"双向门"。我们在打电话之前,只需要了解客户的背景,最多打一个简单的话术稿,并不需要太复杂的准备。

然而,如果是进行一次投标,我们不仅需要写标书,还可能需要进行答辩,在投标过程的前、中、后期,需要和同事、客户召开一系列会议。一旦标书投出去,就不能撤回来。"投标"这种场景,就属于"单向门",需要深思熟虑。

在我们的工作中,写作、开会,都需要投入巨大的时间成本和精力成本。在写六页纸或开会之前,我们需要考虑,这个场景是不是值得写文档或开会,它是一个"单向门"还是一个"双向门"?

第二点,"六页纸"需要信息透明、鼓励协作的公司文化。

写作和演讲最大的不同之处是,写下来的内容遵循"默认公开"原则,你要考虑到,写下来的内容可以被相当多的人看到。

我在刚刚进入职场时上过一期职场课,其中提到的一个原则让我至今印象深刻,那就是:"如果你写下来的内容明天出现在报纸上、社交媒体上,会怎么样?"

在下笔写任何内容时,都要考虑到"默认公开"的原则。

信息透明是一把双刃剑,职场沟通可以简单透明,但也要分场合。

有一位老板因为个人偏见，在自己公司的招聘启事上写了"不要 ×× 省的人"的字样，因此在社交媒体上遭到了很大的非议。

这提醒我们，如果觉得内容不合适发布到互联网上，就不要写下来；写下来的东西，一定要基于数据和事实，不能带有偏见。

如何知道哪些内容能写，哪些不能写呢？

我们要考虑到，写下来的东西被公开了，会不会冒犯某些人；还要考虑到，很长时间后，写下来的内容是否仍能被人正确理解？写的时候要给自己一定的冷静期，并不断地对内容进行修改打磨。

六页纸文档要求我们基于数据和事实，并使用固定的格式进行逻辑化的验证。按照本书讲述的方法，你写的文章就会像小论文一样有理有据，不会带有偏见。

前面我们讲过的奈飞公司，是一家信息高度透明的公司。在这里，所有员工的薪资都是透明的。然而，这样的公司寥寥无几，大多数公司都有特定的信息"墙"、部门"墙"，并且有特定的保密文化。比如我在苹果公司就职时发现，公司不仅不鼓励不同的部门互相沟通，甚至同一层楼的办公室，有一些区域都是不能进的。在这类公司里工作，就不太适合使用太多的文档。

在公司需要保密的时候，尤其是涉及敏感的经营数据时，文档一定要设置好权限。必要时，纸质的文件要在会后销毁。

第三点，六页纸工作法的反馈和沟通需要开放和包容。

好的文档，可以帮助我们自己厘清思路，更重要的是，能让其他人看懂，获得他们的反馈和更好的协作。

很多公司的老板是"一言堂"，容不下任何和自己不一样的

亚马逊六页纸

意见，开会时喜欢从头讲到尾，也不管团队其他成员是怎么想的。这样的团队就不适合使用六页纸工作法。

亚马逊公司倡导"刨根问底""敢于谏言"，奈飞公司、字节跳动公司也倡导"上下文而非控制"和"坦诚清晰"，如果公司要实施六页纸工作法，一定要有开放和包容的文化作基础。

用好"六页纸"，自己也要有开放和包容的心态，我们把写好的文档上传到会议时要意识到，参会的同事和领导的反馈能够帮助我们把事情做得更好。一个人的力量是有限的，团队能帮助我们从更多的角度去思考，帮助我们想到更多问题。所以，勇于把自己的文档拿到会议上，接受大家的反馈和建议，可以让你赢得信任并争取到更多人的支援和帮助。

作为会议的参与者，我们也需要使用一些技巧，让他人接受我们的反馈。比较常用的方法是"三明治法"，也就是首先肯定对方做得好的地方，然后提出不足的地方并给出改善建议，最后对对方的观点再次给予肯定。

还有一种苹果公司倡导使用的反馈方法是，不给对方答案，而是使用苏格拉底式的提问让对方自己得出答案。这种方法能够让对方更容易接受反馈。在亚马逊公司的六页纸会议上，参与者也往往通过提问的方式，帮助会议主持人思考某些问题，使其自己得出答案。

▶ 兼顾全局的五步法 ◀

也许你要问，如果我不接受其他人的意见和反馈怎么办？

这里我教你一个既能够服从大局，又能够坚持自己见解的五步法。

第一步，用更多的数据和事实去说服对方

在会议中，如果我们没有得到想要的资源，往往会就一些观点争论不休。对于这种情况，你不妨在下一次会议中补充更多的数据和事实。这些数据和事实最好是来自客户的声音，它们会让你的论点更有说服力。

第二步，从不同的角度去论证

在同一个公司的不同岗位上，大家的立场也不一样，比如，我做销售工作时常常需要申请产品的特价，而财务部门为了维护产品的利润，则要减少这种特价。记得有一次，为了争取特价，我从特别的角度论述原因，那就是用户后期还有扩容项目，第一单如果价格低一些，我们可以争取更多的市场份额。之后，财务部门计算了长期收益，批准了我的特价申请，我们实现了双赢。

第三步，做一个试验

很多创业者在争取投资时往往发现，做了 100 页 PPT，不如做一个简单的演示。这种演示可能是一个小程序、一段录像、一个小型模型，这种演示可能比开很多次会议都管用。做一个演示性的实验品，会让你在争取资源时有出其不意的效果。

第四步，先接受对方的想法

如果你在会议上无法说服对方，不妨先接受对方的想法和做

法，但也要保留自己的建议和意见。为了团队，先用对方的方法试一试。同时表明自己的方案可以作为备选方案，多一个计划和想法，总比只有一个计划好。

| 第五步，用时间来检验 |

项目有成功、有失败，而时间是检验一切的唯一标准。如果对方的方法不管用，你仍然有机会使用你的方法。当然，并不是说你的或他人的方法一定正确或错误，谁都有正确或错误的时候，让我们交给时间去检验吧！

第 4 章

用六页纸培养商业思维

· 1 ·

职场人的创新窘境

小黄在一家在线健身公司做运营 2 年了，最近他有一个很好的想法，认为能够极大地提高公司的获客效率，为此他还做了一个"线上线下客户导流"的方案。然而，他却发现推广这个方案困难重重。

公司主要做线上业务，但是健身是一个线下体验很重要的活动，根据他的预测，如果能够与线下的健身房合作，最少能把现有的忠实客户提高 30%。但这么好的提案，公司里却没有人支持。

首先，他发现自己把这个想法传达给领导和同事时很困难。尽管他认真地做了市场调研和分析，但公司里没有人懂线下健身业务，不能从专业角度理解小黄的提案。其次，虽然小黄对这个项目给出了明确的投入产出分析，但投入很大，公司的财年计划已经确定了，没有额外的资金和人手支持他实现这个想法。最后，小黄发现自己缺乏营销方面的知识，不知道该如何定价、推广，市场上也没有同类的产品可以参考。

小黄很苦恼，这个方案是他花了很长时间做出来的，自认为成功率较高，但目前看似乎推进不下去了。

小黄的问题，大家都可能遇到过。在工作一段时间后，我们总会有一些新的想法和提案，比如说做一个新的项目、开发一个新的产品，或者改善一个公司现有的流程。在这些场景中，我们都面临着和小黄同样的问题，尤其是作为"产品经理""项目经理"的人，更是每天都在设定新的项目、管理旧的项目。

创新性的事物并不容易获得大家的支持，具体体现在以下几个方面。

不容易获得支持和认可：老板或同事可能对新想法持怀疑态度，因为他们缺乏对该想法的了解或不相信它的效果。他们可能需要更多的证据、数据以及系统的论证。

缺乏资源和预算：实施新想法可能需要额外的资源和预算，但是公司无法提供这些资源。这需要你制订详细的实施计划，并阐明该想法的潜在收益和可行性。

对现有流程和惯例的挑战：新想法可能涉及改变现有的流程和惯例，并因此给一些人造成困扰，成为其实施计划的阻力。你需要消除大家的担忧，并明确说明如何适应变化，尽量减少对现有工作的干扰。

难以获得支持和合作：你可能需要获得其他同事的支持与合作，以确保新想法得以成功实施。然而，其他同事可能对该想法抱有不同的看法，认为与其有利益冲突，导致你难以获得必要的支持。

缺乏有效沟通和说服能力：如果你的准备不够充分或你不能清晰地表达自己的想法，就可能遇到阻力。你需要通过有效的沟通和较强的说服力来传达想法，以获得他人的支持和认可。

缺乏相关知识和专业知识：你需要具备相关知识和专业知识，以确保自己的想法可行并能够实施。否则，其他人可能对你的能力和专业性产生怀疑，从而对你的新想法持保留态度。

缺乏可落地的行动计划：启动一个新项目，需要制订详细的行动计划和具体措施，以说明如何在实践中落实你的想法。如果你不能提供具体且可行的方法来实现想法，可能会遇到阻力。

创新，就是在公司内部二次创业，大多数人没有经过系统的"创新训练"，这就是职场人的"创新者的窘境"。

▶ 创新六页纸：虚拟新闻稿和常见问题 ◀

创新不是一件容易的事，我们会遇到各种困难，又该如何使用六页纸来帮助自己厘清思路、获得资源呢？这就不得不提到虚拟新闻稿和常见问题（PRFAQ）这个工具，它包括两部分，即新闻稿（Press Release，PR）和常见问题（Frequent Asked Question，FAQ）。

它是一种在亚马逊、谷歌、苹果等公司用来讨论新产品、新想法的六页纸。意思是，在新产品开发之前，先写新闻稿，并通过一定的流程，由大家提出常见问题，确认这个新想法是不是可行。

大家熟悉的亚马逊的 Kindle、Prime Video、AWS 等产品，都是通过 PRFAQ 工具开发出来的。

亚马逊公司为什么要使用 PRFAQ 这个工具呢？原来，亚马逊公司最初是一家电子商务公司，自己并不生产产品，但是随着业务的发展，亚马逊公司决定拓展业务，开发智能硬件。于是它借鉴了苹果公司的做法，即在产品开发之前，就考虑这个产品是不是能卖好。这种以终为始、从客户角度出发的创新方法，又叫逆向工作法。

亚马逊是一家注重写作的公司，经过摸索最终发现，写虚拟新闻稿能有效验证创新的想法。

要用好 PRFAQ 这个工具，共需 3 个步骤。

第一步，回答客户的 5 个问题。这个过程就是客户调研的过程。

第二步，写一封虚拟新闻稿。写好新闻稿只需要写好中心句，由 AI 直接生成。

第三步，回答常见问题。这些问题包括了客户常见的问题和内部常见的问题，需要与同事和领导一起讨论。

完成这 3 个步骤，一个 PRFAQ 的文案就完成了。由于 PRFAQ 在形成的过程中已通过了同事和领导的评审，文案通过了，项目就可以开始做了。

如果项目没有通过评审也没关系，写作 PRFAQ 的过程和写商业计划的过程很像，相当于在纸面上进行了一次内部创业，然后去找投资人。这个过程会大大锻炼你的商业思维。

接下来，我们就来讲讲如何写一篇完整的 PRFAQ。

·2·

用 30 秒在电梯里说服你的领导

想象一下，经过充分的客户调研，你已经有了一个很好的创意和想法，你想说服领导支持你，但是因为领导很忙，你只有每天早上乘坐电梯时能遇到他，你会怎么办？

这就要求，你的谈话必须简短且直击要害。

你只需要解答好以下 5 个关于客户的问题，谈话就能水到渠成。你可以用下面这个模板组织你的谈话。

> ×× 客户在 ×× 情况下，遇到了 ×× 需求和痛点，他需要 ×× 解决方案。
> ×× 公司推出了 ×× 解决方案，通过 ×× 特性，帮助客户实现 ×× 收益。

有了这样一个模板，写作题就变成了填空题，你就可以非常轻松地完成，你由此写下的句子也会成为后面写虚拟新闻稿时的中心句。

要写出好的中心句并不容易。我们需要做客户调研，阐述产品的客户价值。以下就是回答关于客户的 5 个问题。

▶ 回答关于客户的 5 个问题 ◀

很多人在创新时都是从自己的角度出发，从自身优势或"我有什么资源"的角度来思考产品的功能和形式。而逆向工作法则是把客户的需求放在第一位，因为一个产品要想成功，必须能解决客户真正的痛点。

要做到这一点，就需要树立客户思维，时刻站在客户的立场思考问题。具体来说，在设计任何产品前，都要先回答以下关于客户的 5 个关键问题。

第 1 个问题：客户是谁？

第 2 个问题：客户的需求和痛点是什么？

第 3 个问题：我们提供什么解决方案（可以给客户带来什么价值）？

第 4 个问题：如何证明客户有这样的需求和痛点？

第 5 个问题：客户在使用我们的解决方案后会说什么？

只有回答清楚这 5 个问题，才能设计出真正解决客户的问题、给客户带来卓越体验的产品。

客户思维的培养和应用，是产品成功的关键。

客户是谁

确定客户是谁，是回答关于客户的 5 个问题的第一步。要详细回答这个问题，需要进行以下工作。

（1）**确定目标客户**。首先要确定谁是我们产品的目标客户，找到一个有代表性的、具体的客户人物。他可以是我们身边的朋友、熟人，或者是通过调研确定的一个典型人选。

（2）**描述客户特征**。接下来要描述客户的特征，包括人口统计学特征（如年龄、性别、居住地）、生活方式、消费习惯等。要尽可能多地收集与这个客户相关的信息。

（3）**划分客户群体**。除了找到一个代表性客户，还要根据产品属性和定位，将具有共性的一群人确定为目标客户群。可以根据年龄、职业、收入等维度来划分不同的客户群。

（4）**绘制客户画像**。根据上述信息，绘制出一个详尽的客户画像。客户画像可以让我们更直观地理解目标客户的特征和需求。一个好的客户画像应该有助于产品的定位和设计。

通过回答"客户是谁"，可以明确产品要面向和服务的目标用户群，为后续的产品设计和营销提供非常关键的支持。我们需要时刻关注并精炼客户画像，以制定符合客户需求的产品策略。

例如，假设我们要设计一款面向年轻白领的健身培训类手机App。

确定目标客户

可采用访谈的方式，深入访谈一名代表性客户，这里假设是小王。

小王是一名 25 岁的单身男性，现居住在一线城市，是一家互联网公司的产品经理。

描述客户特征

小王有着典型的年轻人的生活方式，每天会在工作高峰期后去健身房运动 1 ~ 2 小时。工作日的主要运动是举重或在跑步机上跑步，周末会去游泳。小王追求时尚，喜欢在社交平台上分享自己的健身成果。

划分客户群体

小王代表了一类 20 ~ 30 岁的年轻白领人群，有稳定的收入，热衷于健身运动，并喜欢在社交平台上分享自己的健身成果。这就是我们产品的目标客户群。

绘制客户画像

根据上述信息，我们可以绘制出以下客户画像。

小王，25岁，单身男性，一线城市白领，互联网公司产品经理。有经济实力请私人教练，但更喜欢健身房。工作日常去健身房举重和跑步，周末游泳。追求时尚，喜欢在社交软件上分享自己的健身成果。

通过明确描述"客户是谁"，我们可以更好地设计定位清晰、符合目标客户需求的产品。

客户的需求和痛点是什么

通过前面的调研，我们可以发现以"小王"为代表的目标客户群体的需求和痛点如下。

（1）**需要科学合理的训练计划**。小王需要根据自己的体质情况获取科学合理的训练计划，而不是随意运动，这样才能更好地达到训练效果。但是很多健身爱好者缺乏专业的指导，无法制订适合自己的训练计划。

（2）**渴望训练成果体现**。小王希望通过训练看到身体素质和体型上的明显变化，以获得成就感。但是对身体数据的有效监测和进步展示方面仍是一个痛点。

（3）**社交和竞争需求**。小王有在社交平台上分享自己训练成果的需求。同时也希望通过 App 参与训练竞赛、进行互动，以获得情感上的满足。目前的社交和竞技平台还不够成熟。

（4）**训练场地和时间安排困难**。客户面临训练场地预约困难、时间安排冲突等问题。缺乏一站式的训练场地管理、时间管理和综合安排服务。

（5）**专业知识获取不便**。客户需要获取营养、伤害预防等各类专业的健身知识，而这方面的产品和解决方案还不够完善。

通过明确客户的需求和痛点，我们可以有针对性地设计产品的功能和形式，以解决这些实际问题，满足客户的需求。

我们提供什么解决方案

根据前面发现的客户需求和痛点，我们可以提供以下解决方案。

（1）**AI 智能计划订制**。根据客户提供的身体数据、运动习惯等信息，使用 AI 算法自动生成科学合理的训练计划，使每位客户获得专属的个性化健身计划。

（2）**身体数据实时监测**。使用可穿戴设备收集客户的心率、能量消耗等身体数据，进行实时监测和反馈，让客户看到自己的训练效果。

（3）**运动社交和竞技**。客户之间可以通过 App 进行交流分享，参与各类健身训练竞赛，满足社交和竞技的需求。

（4）**一站式健身服务**。提供健身场地预约、能量消耗统计、配餐计划等一站式服务，帮助客户全面规划时间来健身。

（5）**专业知识问答**。客户可以通过 App 向专业教练提问，获取营养、伤害预防等各方面的专业知识，科学健身。

通过为客户提供科学、便利、有社交功能的健身解决方案，可以有效解决他们在健身过程中遇到的痛点，提升健身体验。

要回答"客户的需求和痛点是什么",需要通过以下方式进行调研。

(1)**客户访谈**。这是获取客户需求最直接的方式之一。我们可以与目标客户进行"一对一"的深入访谈,请他们描述购买和使用相关产品的具体情况,包括哪些需求未被满足,在使用中遇到了哪些困难等。

(2)**进行问卷调查**。可以通过问卷的形式进行大规模的客户调研。设计针对性的问题,让客户选择问题并填写文字反馈,以便我们能够快速收集大量的客户数据。

(3)**数据分析**。可以分析已有的客户行为数据,例如网站访问日志、点击热区、消费订单等,分析客户的潜在需求和痛点。

(4)**网络调研**。可以在相关论坛、社交媒体上进行信息搜集,了解客户对现有产品的评价和建议,发现他们关注的痛点。

(5)**观察法**。可以进入客户使用产品的实际场景进行观察,发现客户的难点和不便之处。

通过多种渠道进行调研,可以从不同维度全面了解客户的需求,利用重要的一手数据,来设计符合客户需求的产品。

客户在使用我们的解决方案后会说什么

如果我们的解决方案成功满足了客户的需求,客户在使用我们的解决方案后可能会有以下反馈。

"这个 App 给我制订的训练计划非常适合我,我可以看到身体数据在持续优化,训练效果很明显!"

"身体数据的实时监测能帮我更好地掌握训练节奏和强度,我可以很清晰地看到自己的进步!"

"我通过这个 App 认识了很多朋友,我们经常竞技,让训练充满乐趣!"

"这个 App 帮我解决了场地预约和科学配餐难题,优化了我的时间分配和饮食方案!"

"这个 App 的问答功能解决了我在训练中遇到的各种问题,让我对健身的了解更专业了!"

通过描述,这个 App 非常有场景代入感地提供了科学、便利、有社交功能的综合解决方案,切实解决了客户的痛点,提供了卓越的客户体验,实现了预期的客户价值。

通过想象客户的反馈,相关工作人员可以检验产品设计的效果,持续优化产品以更好地满足客户。

回答完了这 5 个问题,你就可以写出你与领导电梯谈话的脚本,试着在很短的时间内说服领导。你可以这样设计你的电梯谈话。

领导早上好!

经过调研,公司的 10 万名 20 ~ 30 岁的单身客户群在下班后有健身的需求,但找不到合适的健身活动场所。我们团队打算开发一个用于健身场所推荐的 App 解决他们的痛点,帮助白领人群迅速找到附近的健身场所。

根据我们的计算,公司只需要投入 30 个技术开发的人天,就可能获得 10% 的销量增长,这是我和团队讨论过的详细文案,希望等您有空时和您一起讨论。

然后，你把打印好的、在本章学到的 PRFAQ 文案递给领导，这个电梯谈话就结束了，一共只需要 30 秒。

　　PRFAQ 文案怎么写呢？我们将在下一节给大家讲解。

· 3 ·

用电梯谈话，一键生成虚拟新闻稿

在上一节中，我们学习了如何用 30 秒的电梯谈话向领导阐述项目的价值。电梯谈话的核心就是一个中心句，它需要包含客户是谁、他们的痛点和需求，以及我们的解决方案和产品价值。中心句能够快速概括整个项目的要点。

例如，我们可以用这样一个中心句："互联网公司的运营人员需要不断学习新知识来提高自己的职业竞争力，六页酷的 AI 智能导师可以通过人工智能技术和个性化学习方案，帮助他们快速获取所需的知识和技能。"

有了这样一个中心句，我们就可以使用人工智能一键生成一篇完整的虚拟新闻稿。所谓虚拟新闻稿，就是按照类似报纸发布重大产品新闻的格式来撰写的文稿。标准的虚拟新闻稿包含标题、副标题、时间、媒体名称、摘要、客户需求和痛点、解决方案和产品价值、客户旅程、大咖证言、用户证言等组成部分。

为此，我们只需要给人工智能提供以下提示。

你是一位产品经理，需要按照亚马逊公司 PRFAQ 的格式写一篇虚拟新闻稿。

80% 的 20 ～ 30 岁单身人士在下班后有健身的需求，他们却找不到合适的健身场所和伙伴，他们需要一个能够推荐健身场所的解决方案。

　　六页酷团队发布推荐健身场所的小程序，通过地点定位，帮助单身人士迅速找到附近的健身场所和伙伴，愉快地健身。

　　虚拟新闻稿请包含标题、副标题、时间、媒体名称、摘要、客户需求和痛点、解决方案和产品价值、客户旅程，并提供一位行业大咖（使用真实名字）的证言和两个客户（使用虚拟名字，包含姓名、公司、职位）的证言，最后号召用户购买。

　　你只需要将这样一条指令输入给 AIGC，它就可以在几秒内自动生成一篇 500 ～ 1000 字的虚拟新闻稿，是不是很奇妙？让我们看看 AIGC 生成的新闻稿。

　　标题：六页酷团队推出推荐健身场所的小程序，满足年轻单身人士的健身需求

　　副标题：地点定位、快速找到健身场所和伙伴，六页酷团队小程序助你愉快健身

　　时间和媒体名称：202× 年 5 月 15 日，健康生活杂志

　　摘要：据调查，80% 的年龄在 20 ～ 30 岁的单身人士在下班后想进行健身活动，却难以找到合适的健身场所和伙伴。六页酷团队推出了一款基于地点定位的小程序，旨在帮助白领人群快速找到附近的健身场所和伙伴，让健身变得更加轻松和有趣。

　　20 ～ 30 岁的单身人群在工作结束后渴望进行健身活

动，但经常因找不到合适的健身场所和伙伴而感到困扰。他们需要一种方便、快速的解决方案，能够推荐附近的健身场所和寻找同样有健身需求的伙伴。

六页酷团队开发了一款基于地点定位的健身场所推荐小程序。

用户只需打开微信，搜索六页酷团队的小程序，在页面上填写个人信息和健身偏好并输入自己的所在位置，通过小程序中的地点定位功能，就可以方便地获取附近的健身场所和活动信息，根据推荐和筛选条件，来选择适合自己的健身活动。

在选择具体活动之前，用户还可以查看其他用户的评价，决定是否邀请其他伙伴一起参加健身活动，享受愉快的健身过程。

健康生活杂志主编李明评论说："六页酷团队的健身场所推荐小程序是一个创新的解决方案，有效满足了单身人士的健身需求。通过地点定位和智能推荐功能，用户能够轻松找到附近的健身场所和伙伴，拥有更加愉快和便利的健身体验。"

来自 ABC 公司的小刚说："我是一个单身白领，经常想参加健身活动，但找不到适合的场所和伙伴。六页酷团队的健身场所推荐小程序真的解决了我的难题，现在我能随时随地找到附近的健身场所和伙伴，感觉非常方便和开心。"

TBA 互联网公司的 IT 工程师小芳说："我平时工作很忙，没有太多时间去找健身场所和伙伴。有了六页酷团队的健身场所推荐小程序，我只需要几秒钟就能找到附近的健身场所和伙伴。这款小程序真的帮我节省了很多时间和精力，让我可以更专注于健身活动本身。"

如果你是一位渴望进行健身活动的单身人士，但却找不到适合的场所和伙伴，那么请打开微信小程序，搜索六

> 页酷团队的健身场所推荐小程序，它将帮助你快速找到附近的健身场所和伙伴。立即开始你的健康生活吧！

当然，生成的新闻稿还需要进行适当的修改和补充，直到符合产品的实际情况。

我们看到，六页纸写作模板把写作题变成了填空题，而AIGC 把填空题变成了修改题，在这两个强大工具的协助下，写作将变得非常简单。

·4·

用六页纸获得更多人的支持

前面我们讲了如何使用逆向工作法，用 30 秒时间和领导完成一次谈话，并用这段话（中心句）写一份能够创造客户价值又具备商业思维的文案，现在我们来讲一下，如何使用这份文案获得同事和领导的支持与合作。

你会发现，很多方案，自己看怎么都好，但一到会议上就会遇到各种各样的问题，比如技术部门说没有额外的开发人员提供给你，财务部门说没有相应的预算，市场部门说目前没有额外的人手帮你去做市场推广……

上会前觉得方案很好，但一上会方案就被否定了，这种情况并不罕见。尤其是职场新人，他们往往更难获得支持与合作。

这时，我们就可以使用 FAQ 工具。你可以从你身边最熟悉的同事开始，用 FAQ 工具请他们提出更多问题。从下往上，一级一级地获取身边人的支持。

注意，这并不是在你写完文案后才开始做的事，而是在文案开始筹备和写作时就要不断地征求他人的反馈。这样，你写就的PRFAQ 中，就会包含各部门同事的问题甚至建议。你可以根据不同同事的反馈，一个版本一个版本地迭代你的 PRFAQ，等时机成熟时，再请这个项目涉及的所有同事和领导参加你新项目的 PRFAQ 评审会。会上，大家可以使用六页纸会议法，充分讨论你的方案。这类会议一般会出现两种情况。

一种情况是会上提出很多新的问题，或者在讨论后出现了新的问题，那么你就应该继续迭代你的 PRFAQ，准备下一次会议。

另一种情况就是会议上大家提出的问题很少或者没有人提出问题，那么你就可以把这个 PRFAQ 作为新项目的计划，开始工作了。因为你的方案在不知不觉中已经包含了客户思维、商业思维，以及来自各部门同事的反馈和支持，你可以放心大胆地开始你的工作计划。

我服务的一家大型企业客户问我，能否提供一套标准的 FAQ？其实在亚马逊公司，是没有标准的 FAQ 清单的，因为每个产品、场景有大有小，大到一个划时代产品的立项，小到一个部门流程的变更，所以 PRFAQ 的 FAQ 可长可短，差别很大。

受此启发，我们"六页纸文化"开发了一套包含营销、战略、财务预测、最小可爱原型开发计划的全套 FAQ。这套 FAQ 融入了几乎所有的 MBA 课程。除此之外，"六页纸文化"还开发了一套人工智能软件，可用 5 分钟时间生成一套 1 万字的商业计划书，包含了投资人所需要了解的各个方面。可以说，有了六页纸文档写作法和 AIGC，你只要做好客户调研，商业计划的写作是一件非常容易的事。

总结一下，PRFAQ 是一个人人可用的创新工具，使用了"逆向工作法"的思维，从客户角度和未来产品上市的角度，用新闻稿的形式来写商业文案。PRFAQ 中的 PR 是让所有人理解你提交的方案，而 FAQ 是让你在公司内部获得更多的支持。用好

PRFAQ，不仅能帮你在公司内部更容易获得支持，而且能够很快地培养你的商业思维。一份好的 PRFAQ 可以直接作为商业计划书，用来获得公司内外部的投资。

第5章

用六页纸做好复盘

· 1 ·

总结和复盘，成为高手的必经之路

小明作为一名项目经理加入了一家大型企业，领导把公司的一个重要项目交给了他，要求他承担项目的执行工作。

从一开始，小明就全力以赴地投入工作。他与项目团队密切合作，按照项目计划推进各项任务。然而，随着时间的推移，他发现了一些问题。为了解决这些问题，他每天都会花时间进行工作总结和复盘。然而，小明的总结过于简单，只是列举了问题和解决方案，没有深入分析问题的根本原因。他以为只要解决了眼前的问题，项目就能顺利推进。但事实证明，问题并没有从根本上得到解决，在接下来的项目阶段中反复出现。

终于有一天，小明被叫进了领导的办公室。领导表达了对项目进度的不满，并指出项目推进缓慢，客户不满意。小明感到很尴尬。他意识到了自己在工作总结和复盘中的失误，决定反思自己的做法，并从中吸取经验教训。第二天，小明召集了整个项目团队举行了一次会议，分享了他的新思路，并鼓励大家积极参与讨论。通过这次会议，团队深入分析了项目遇到的问题，找出了根本原因，并提出有效的解决方案，制订了详细的行动步骤，明确了责任人和截止日期。小明将调整后的计划整理好交给了领导。

接下来的几个月里，小明和项目团队全力以赴地执行改进后的计划，密切跟踪任务的推进情况，及时解决问题，确保项目按计划顺利进行。他们还与客户保持着良好的沟通，迅速反馈项目的进展和解决方案。小明从这个项目中意识到，工作总结和复盘不仅仅是简单地列举过程，更应该深入分析问题的根本原因，并制订具体的改进计划。只有这样，才能真正避免类似的问题重复发生。

▶ 什么是复盘 ◀

复盘是通过聚焦项目的绩效目标，组织项目相关人员开展的专业研讨。复盘的组成部分，应该包括谁参加了这个项目复盘，这个项目具体发生了哪些事？为什么会发生？下一步需要保持哪些优势，必须改进哪些不足？

复盘的英文是 Review，它起源于美国陆军的 AAR（After Action Review），意思是行动后复盘。《领导者复盘指南》一书最早将它定义为：

项目复盘是通过关注项目的绩效标准，组织项目相关人员开展专业讨论，让大家自行发现项目中发生的事情的原因、值得保留的优势和需要改进的不足。

1999 年，美国学者彼得·圣吉（Peter Senge）在《变革之舞》一书中详细介绍了项目复盘。企业家柯蒂斯·戴维斯（Curtis Davis）也在他的产品线里使用 AAR 的方法帮助团队沟通与学习。

在中国，review 被翻译成了复盘，"复盘"原本是一个围棋术语，指的是两个人在下完棋后，从头到尾地把每一步都重新下一遍，从而总结哪一步走得好，哪一步可以提高。在 2001 年，联想把"复盘"的概念引入中国企业的经营管理之中。

一个完整的复盘可以分为以下六个步骤。

回顾目标：大家可以使用我们前面讲到的"目标、目的、举措"方法，完成这一步；

梳理过程：认真做好记录；

评估结果：做好结果的比较，强调亮点（Highlight）和暗点（Lowlight）；

分析原因：区分主客观原因，用"5 个为什么"（5Why）法找到根因；

总结规律：总结可以复用的经验，形成具体的行动计划；

形 成 文 档：把以上五步形成复盘表格、标准作业程序（Stand-ard Operating Procedure，SOP），或者错误纠正文档（Correction of Error，COE）

接下来，我们就用六页纸进行复盘。

· 2 ·

高效汇报和无效会议的区别是什么

▶ 区分事实和观点 ◀

在开始复盘之前，首先要区分事实和观点。在回顾目标、梳理过程、评估结果、分析原因、总结规律、形成文档这六个步骤中，前三步可以说是"事实"，后三步则是"观点"（见图 5-1）。

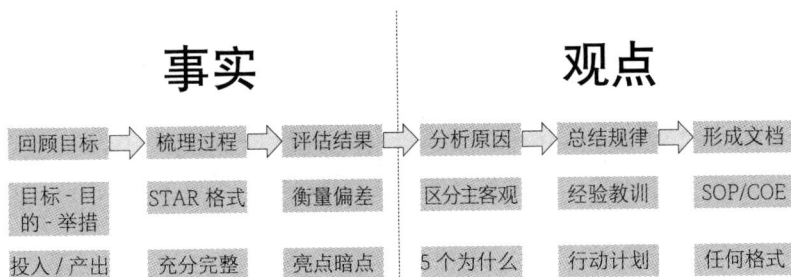

图 5-1 复盘中的事实与观点

事实是客观存在的真实情况，不受我们主观的影响。举一个简单的例子，今天下雨了，这就是一个事实，不管你相信还是不相信，下雨都是客观存在的。

而观点是人们对事实或事件的主观看法或评价，它们与事实本身有明显的区别，是带有主观感受的判断。比如，两个人在街上遇到一辆红色的汽车，一个人觉得红色的车很漂亮，他很喜欢，那么他的观点就是这辆红色的车很漂亮；另一个人觉得这辆车不好看，那么他的观点就是这辆红色的车真难看。

但在日常生活中，人们往往会把自己的观点当成事实来表达，因此在交流与沟通时，我们需要区别事实与观点。如果大家在会议中都在表达观点而缺少事实，那么，这就是一次无效的会议。

在复盘的六个步骤中，前三步，也就是"回顾目标、梳理过程、评估结果"是事实，而后三步的"分析原因、总结规律、形成文档"是观点，只有完全还原前面三步的事实，我们才能得到有效的观点。所以前三步还原事实的部分不能省略，而且要作为重点，只有这样，在形成观点时，我们才能使用各种工具来区分主客观原因，并形成有效的行动方案与可以复用的文档。

在复盘的过程中，我们会使用 AI 及六页纸写作模板等工具，帮助大家迅速生成所需要的文档。

▶ 做好日常事实的记录 ◀

清晰梳理并记录项目过程，对项目复盘非常重要。一个理想的项目过程记录应当详细标明时间、地点、人员、具体操作与结果，可以使用 STAR 格式予以展现。

但是在实际工作中，要形成这样完善的过程记录并不容易。

很多人并不主动记录工作过程，也容易遗忘或记错细节，团队项目更是如此。项目结束后，往往难以对过程进行梳理。因此，养成项目过程记录的好习惯，是对项目进行有效复盘的基础。可以从制定项目复盘制度入手，逐步培养记录项目过程的意识，为复盘积累素材。同时，项目团队成员也要自觉记录工作内容，以便随时复盘并提高自己的相关能力。

这时，我们前面讲到的"清单体"就可以发挥作用了。六页纸主张的日报，并不一定要每天上交，但是，应认真记录每天的工作，以便在复盘时及时找到。

此外，我们还可以利用企业协同办公软件，比如飞书、企业微信、钉钉等，把会议记录、工作日志等内容统一存入系统，然后按时间顺序进行梳理。这种利用信息系统收集过程数据的方法也较为方便和有效。

▶ 和团队一起复盘 ◀

和团队一起复盘是一个费时、费力的过程。为了提高效率，项目负责人最好提前准备好文档，按时间顺序进行梳理，以便大家更容易理解整个过程。在复盘时，要指定一人负责记录，及时把团队成员的想法记录下来。

在复盘时，要展现出充分的情境和细节，把事情的来龙去脉梳理清楚，才有利于后续问题的归因和经验总结。只有把细节梳理透彻，我们得到的事实才会充分，后续的分析和观点才站得住脚。

前面我们讲过用一页纸记录每天的工作。记录之后有什么用呢？到了这一节就有用了，那就是，用日报内容生成我们的项目复盘或项目报告中梳理过程的部分。

· 3 ·

工作做成什么样算好？用颜色标记

▶ 评估结果 ◀

评估结果就是把最终得到的结果与一开始设定的目标进行对比，看看工作是否已经完成，整体情况如何。

什么样的结果算好？什么样的结果算不好？在评估结果时，我们需要关注实际结果和设定的目标之间的偏差。

如果偏差不大，说明做得还不错，结果达到了预期，可以简单处理，或者什么也不做。我们要重点关注偏差较大的情况，将正向偏差标记为亮点（Highlight），负向偏差标记为暗点（Lowlight）。

亮点和暗点都很重要。亮点代表超出预期，暗点代表低于预期。在分析亮点和暗点时，我们要关注以下内容。

首先，关注亮点可以让复盘保持积极向上的感觉。

其次，要重点关注暗点，因为复盘的目的不是自我表演，而是持续改善，使下次做得更好。

▶ 标记颜色 ◀

在评估结果时，使用颜色来标记是一个很好的小技巧。有了颜色，看文档的人很快就能知道哪里做得好，哪里做得不好。我们可以使用大家都熟悉的红黄绿交通信号灯的颜色来标记，简单而直观：

绿色——达到或超过预期（如 ≥ 100%）；

黄色——未达预期但在可接受范围内（如 80% ~ 100%）；

红色——远未达到预期（如 < 80%）。

具体范围可以根据目标设置和场景需要来确定。重要的是用简单的颜色对评估结果加以区分，一目了然。

▶ 例题 ◀

接下来，让我们采用这个方法，继续使用前文"公众号推广"的案例加以说明。

使用 AI 指令来模拟生成结果（你可以将其更换成自己的项目），以下是 AI 指令。

> 请你生成一个公众号团队推广的结果。
>
> **推广目标**
>
> 一个 3 人团队在 4 周内，面向青年群体推广一个潮流服装品牌，提倡绿色环保。
>
> 团队的 1 个产出指标：公众号新增关注人数 1000+。
>
> 团队的 3 个投入指标：48 人天、推广次数 20 次、预算 4 万元。
>
> 请模拟数据，并评估实际结果与目标的差距。

达到或超过预期（≥100%）标绿色；未达到预期但在可接受范围内（80%～100%）标黄色；远未达到预期（＜80%）标红色。

最后总结完成情况最好的亮点和完成情况最差的暗点。

生成的结果

产出指标：新增关注1200人，达到预期，标绿色。

投入指标：45人天，未达到预期但可接受，标黄色。

推广预算目标4万元，实际投入3.5万元，未达到预期但在可接受范围内，标黄色。

推广次数目标20次，实际只完成15次，远未达到预期，标红色。

然后我们从中可以确定：

亮点——新增关注人数1200人，超过预期1000人的目标（标绿色）；

暗点——推广次数只完成15次，仅占目标的75%（标红色）。

生成结果后，用颜色进行标记，就可以找到本次活动做得好的地方和不足的地方。

在实际中，如果遇到了全标红色或全标绿色的情况，也不是完全做得好或不好，还要考虑是不是目标定得太高或太低了。我在外企工作时，销售团队没有完成任务，标示色有红色、有黄色、有绿色，但是某个负责销售支持的团队目标完成度竟然全标示了绿色，显然就是这个支持团队的目标定得太低了。

· 4 ·

用这两个分析方法，像专家一样思考

在上一节，我们定义了评估结果中要分析和解决的问题，那就是基于评估结果确定亮点和暗点。本节我们开始进入观点部分的第一步——分析原因。

首先讲一个关于柳传志的小故事。柳传志小时候，有个同学打乒乓球的水平很高，柳传志一直也赢不了他。有一次，柳传志又和那位同学比赛，为了获胜，柳传志做了非常充分的赛前准备，认真研究了对方的打法，并制定了一套相应的战术。比赛时，柳传志临场发挥非常出色，最后如愿战胜了对方。

在赛后总结时，柳传志认为自己赢得比赛是因为做了周密的准备。但是过了几天，有人告诉他，那位同学之所以输掉了比赛，是因为忘了带自己的球拍，比赛时临时借用了别人的球拍。

这件事给柳传志留下了非常深刻的印象，他明白了，如果不能对输赢的结果进行全面客观的分析，就很难搞清楚胜负的根本原因。所以柳传志在复盘时就特别强调区分客观原因和主观原因。

成功的时候不要忘了客观原因，失败的时候要重点关注主观原因，这样才能发现其中起到关键作用的因素。千万不能想当然地归因，尤忌自己骗自己，只有这样，才能让自己从复盘中受益。

在亚马逊公司有一个词，叫作"可控投入指标"，就是分析哪个投入因素能够对最终产出产生有效影响，而且这个指标是可控的。归因的过程，其实就是寻找"可控投入指标"的过程。

▶ 主客观原因分析 ◀

我们在分析问题的原因时，需要区分主观原因和客观原因。主观原因来自个人的经验、认知、态度等人为因素；客观原因来自环境、制度等外部因素。

分析主观原因和客观原因，可以从以下几个角度进行（见图5-2）。

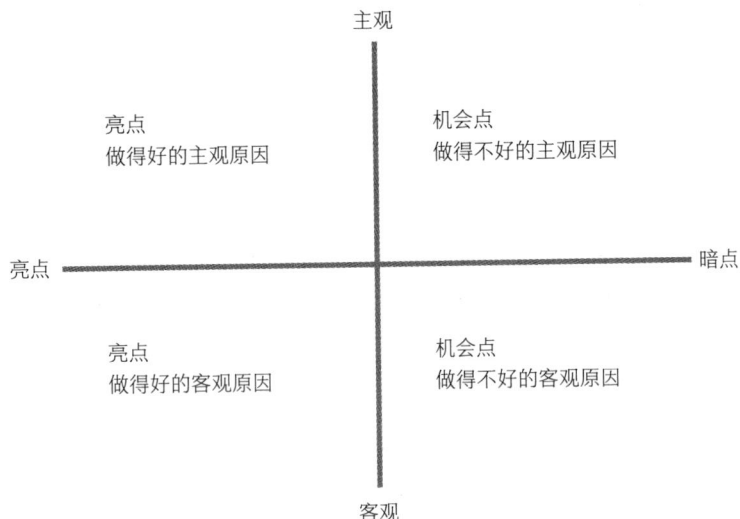

主观

亮点
做得好的主观原因

机会点
做得不好的主观原因

亮点 ————————————————— 暗点

亮点
做得好的客观原因

机会点
做得不好的客观原因

客观

图 5-2　主观原因和客观原因分析

判断问题发生的原因是否在个人控制范围内，如果是，更可能属于主观原因；如果超出控制，则可能属于客观原因。

区分主客观原因的目的是，主观原因是可控的，可以通过投入资源、改进方法、培训和激励员工等措施干预；但客观原因受外部环境因素的影响，往往是不可控的。

主客观原因举例

下面我们用 AI 对微信公众号推广活动的亮点和暗点进行一次归因分析。对 AI 输入以下指令。

> 请你针对以上项目，做 12 个原因的归因分析，每个原因不超过 100 字。
>
> 分析达到目标的 6 个原因，其中 3 个为可控的主观原因，3 个为不可控的客观原因。
>
> 同样，分析没有达到目标的 6 个原因，其中 3 个为可控的主观原因，3 个为不可控的客观原因。
>
> 请尽量引用数据和事实对每个原因进行论证，并适当使用 5Why 法的技巧，论述因果关系。

我们可以将生成的答案填写到图 5-2 中，这样看起来更直观。

AI 根据主客观原因和达成情况，把原因分成 4 类进行了说明（见图 5-3）。在得到 AI 生成的原因分析结果后，我们可以保存内容，供以后使用，比如可以将其保存在在线文档或笔记中。

主观

达成目标的可控主观原因
1. 策划明确：团队在制订推广计划时，基于实际的预算和人力资源，制定了具体的宣传方案，使得活动的策划明确和有针对性。
2. 内容优质：团队对推广内容的制作精益求精。为读者提供了有价值和有吸引力的文章和视频内容。
3. 进行社群互动：通过社交平台与已有粉丝以及潜在用户及时互动，增强用户黏性和转化率。

未达成目标的可控主观原因
1. 学习总结不足：团队在活动中缺乏及时学习和总结，没有及时调整推广策略和方案。
2. 组织流程不严谨：在线下活动中，由于任务安排和流程组织不严谨，导致部分潜在用户被忽视，活动推广效果不佳。
3. 推广渠道选择偏差：团队在选择推广渠道时，没有充分考虑受众的关注点和注册平台，导致推广效果不佳。

亮点 ——————————————————————— 暗点

达成目标的不可控客观原因
1. 读者兴趣：读者对推广内容的接受程度不同，部分读者可能对推广内容不感兴趣，无法达到预期目标。
2. 场地影响：受场地限制，可能导致一些线下活动无法正常展开，限制团队展示创意和宣传效果的机会。
3. 天气状况：在执行线下活动方案时，如果遇到恶劣天气，其他团队也会放弃参加活动，影响活动的执行效果。

未达成目标的不可控客观原因
1. 竞争同质性：在同类产品竞争激烈的市场中，类似的推广活动可能过多，会分散用户的注意力，降低品牌的曝光度和转化率。
2. 市场预估不足：团队在活动计划初期，未能对市场做出准确的预期，导致目标的制定可能过于理想或不切实际。
3. 宣传效果难以评估：由于推广渠道和内容不同，其效果和结果难以衡量和评判，导致难以准确掌控推广的实际效果。

客观

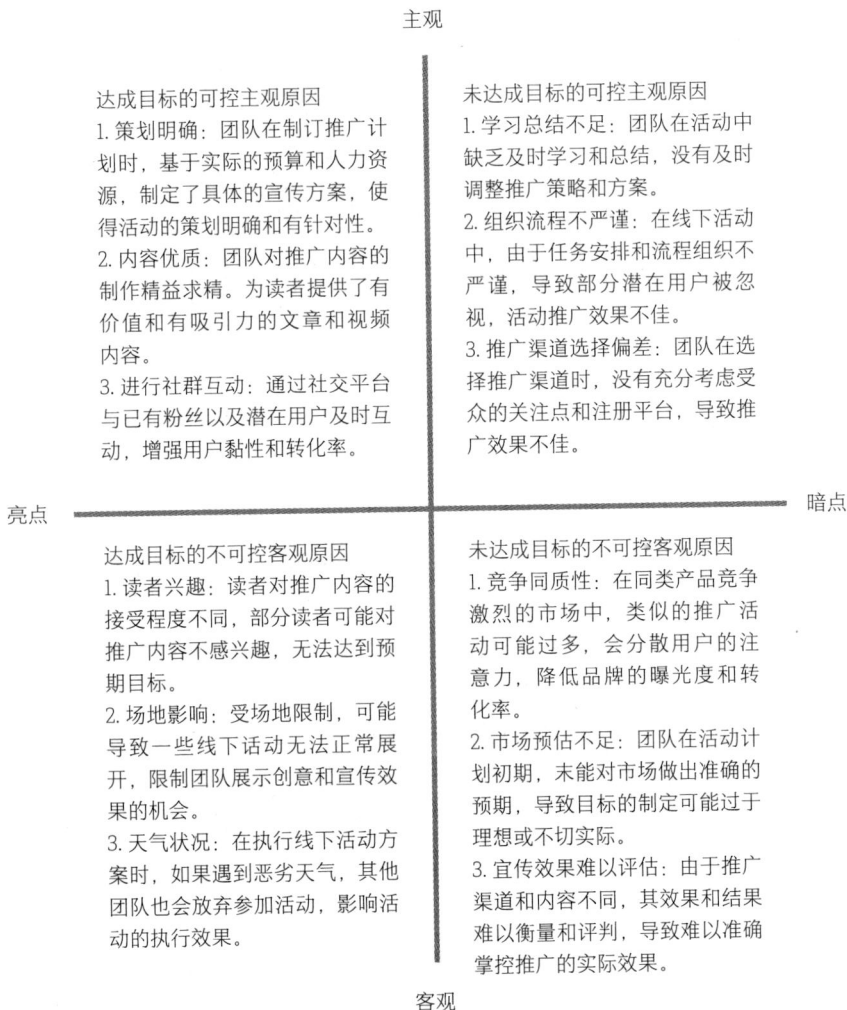

图 5-3　亮点和暗点的主客观原因

（1）达成目标的可控主观原因。它列出了策划明确、内容优质、进行社群互动等，这些的确都是可以控制的主观原因。

（2）达成目标的不可控客观原因。如读者兴趣、场地影响和天气状况，都是不可控的，说明本次成功有一定的偶然性。

（3）未达成目标的可控主观原因。如学习总结不足、组织流程不严谨、推广渠道选择偏差等，都是可以改进的方面。

（4）未达成目标的不可控客观原因。比如竞争同质性、对市场预估不足、宣传效果难以评估等，我们无法控制竞争对手做什么，所以属于不可控原因。

这样，AI 通过对主客观原因进行多方位的分析，并配以实例说明，能够让我们更全面地理解项目结果的形成原因，也为后续的改进提供了方向。

AI 生成初步的分析后，我们可以根据项目的实际情况进行修改，比如"对市场预估不足"的部分，我们可以在下次开展活动时，根据不同的报名人数，提供 A 方案和 B 方案，让不可控变得可控。这样就把分析题变成了选择题和删减题。

▶ 根因分析 ◀

幸福的家庭都是相似的，不幸的家庭各有各的不幸。

——托尔斯泰《安娜·卡列尼娜》

有时候，事情的发生并不见得是表面看到的原因造成的。

我们思考问题为什么发生时，要注意其不一定是由单一原因导致的，比如推广次数没有达标，可能是因为负责推广的人员投入的时间不够，而推广时间不够可能是因为相关人员还负责很多其他事务，而他们之所以还负责很多其他事务，可能是因为招聘投入的资源不足，这时候就需要进行根因分析，也就是根本原因分析。

根因分析有很多工具，一个常见的工具是鱼骨图或脑图。图 5-4 示意了婚姻幸福的根因分析，假设是否"婚姻幸福"可以由三个直接原因决定，每个直接原因又可以被分解成三个二级原因，而每个二级原因还可以继续分解……

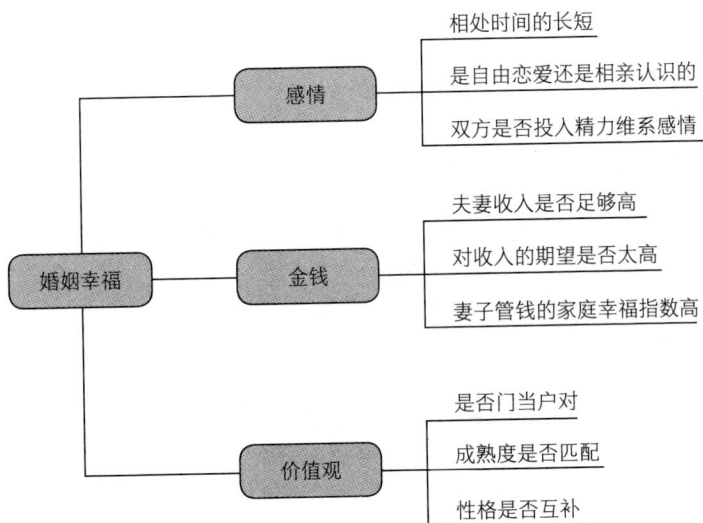

图 5-4 婚姻幸福的根因分析

通过这种方法，你可以把问题层层分解，直到找到可控的投入指标为止。这个层层深挖的过程，就是根因分析。要做好根因分析，我们可以使用 5Why 法。

5Why法是一种有效的质量管理工具，可以帮助我们追根究底，找到问题发生的根本原因。它源自日本丰田公司，后来被很多企业广泛使用。

5Why法的原理是，针对一个问题连续提出5次"为什么"，层层递进，挖掘问题背后的根本原因，就像剥开一层层问题冰山（见图5-5）。有时可能只需要问3次就能找到问题的根源，有时可能需要问上10次。其目的是找到问题的根本原因，而不仅仅停留在表面。

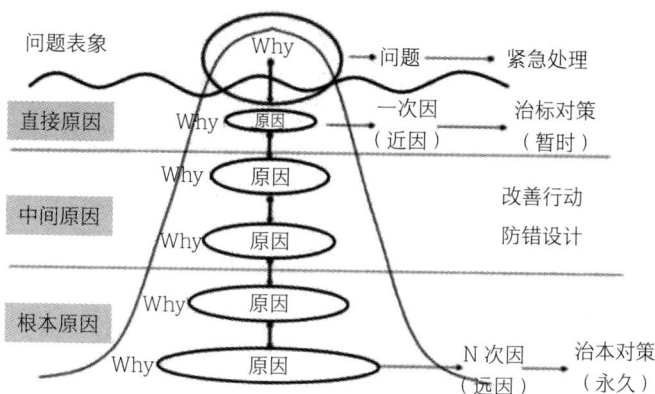

图5-5　5Why法的问题冰山

这种方法可以避免一次又一次地重复解决同一个表面问题，治标不治本。只有找到根本原因并消除它，问题才能得到彻底的解决。

使用 5Why 法的具体步骤如下：

第一，正确定义问题，明确问题的范围和关键点；

第二，提出第一个为什么，找到问题的直接原因；

第三，继续提出下一个为什么，挖掘这一原因背后的更深层次的原因；

第四，持续问下去，直到找到不能再问的根本原因为止；

第五，消除该根本原因，以达到治本的目的。

运用 5Why 法，我们可以有效分析问题的本质，并找到解决问题的办法。这是一个简单实用的归因工具。

接下来，我们来让 AI 生成一段包含 5 个"为什么"的对话。我们给 AI 一条指令。

请你生成一段管理学专家和一位项目经理的对话。

我将给出一个项目的基本经营情况，请管理学家找出这个项目的一个暗点，并使用 5Why 法这一归因技巧，针对这个暗点对项目经理进行提问和追问。

同时模拟项目经理的回答，生成两个人的对话，直到管理学专家问出问题发生的根本原因。

以下是 AI 生成的对话。

管理学专家："你的推广活动取得了不错的效果，但我注意到，在第二周和第三周的线下活动中，参加活动的用户数量出现了下降，请问为什么会出现这种情况？"

项目经理："我们认为这可能是由于场地的位置不太好，导致用户不太方便到达。另外，前两周的线下活动受到了天气太热的影响，导致参加活动的用户数量有所下降。"

　　管理学专家："那是什么原因导致了位置不佳呢？有可能是我们前期的活动定位计划没有考虑到地点因素吗？"

　　项目经理："实际上，在策划线下活动的时候，我们也特别重视这一点，并且在选址和场地布置上下了很大功夫。但我们发现，由于租金和其他原因，我们只能在较偏远的地方寻找场地，这导致了位置不佳的问题。"

　　管理学专家："那么，为什么在后期我们没有再采取一些对策来解决这个问题呢？例如策划一个更为吸引人的主题或通过其他渠道提高场地的知名度。"

　　项目经理："实际上，我们在后期想到了一些更好的解决方案，例如更为吸引人的主题和更为创新的促销方式。但是，由于预算和资源等限制，我们没能马上采取行动，而是将这些想法保留到了下一阶段的计划中。"

　　管理学专家："我们为什么面临资源和预算限制呢？"

　　项目经理："现金流较为吃紧，而我们的推广预算需要从公司运营的收益中分离。此外，我们的团队人手也不是非常充足，因此花费在推广活动上的时间和精力也是有限的。"

我们可以对这一案例做如下分析。

要分析的问题：为什么第二周和第三周参加活动的用户数量出现了下降？

表面原因：选择的场地位置不太好。

中间原因：租金不够、策划方案不理想、选题不吸引人、预算限制等。

根本原因：预算和资源有限。

位置选择得不太好是表面原因，根本原因是资源不足，而投入更多的预算是可控的，通过 5Why 法，我们找到了"可控投入指标"。

从这个对话里，我们可以总结出根本原因是人和钱。如果这个项目能盈利，下次我们就可以对其进行更大力度的推广。我们已经找到了这个问题的根本原因，无法再进一步分析。至此，我们可以使用人工智能进行二维四象限的主客观原因分析，包括使用 5Why 法进行根因分析，再将这些原因分析的信息再次加入我们之前的项目事实文档中。请注意，这时文档中不仅仅有目标、过程和结果等事实，还可能包含一些主观观点。

在"回顾目标、梳理过程、评估结果"等事实基础上，进行了归因分析。前面是事实，后面则逐渐转向观点，我们已经完成了第一步。接下来，我们将继续总结经验并形成文档，即进入观点的第二步和第三步。

· 5 ·

先问"经验是否可复制",然后再行动

在亚马逊公司工作时,每取得一个单子,我都会被问"哪些经验是可复用的",这个问题很难回答,也让我非常头疼,但思考这个问题又非常必要。因为在很多汇报会议里,大家常常只说哪里做得不好,然后急着讨论下一步怎么做,这样得出来的结论往往过于草率。所以,我们一定要归因、归纳,然后再制订行动计划。

▶ 总结规律 ◀

总结规律就是"归纳",就是不停地问自己"哪些经验是可以复用的"。

归纳其实并不需要太复杂。可以把一些小的最佳实践也总结下来作为经验,只要发现有可复用价值的经验和需要避免的错误,在我们面临类似情况时非常有帮助就可以了。

例如在减重的过程中,最佳实践可能包括制订科学的饮食计划、安排运动时间、选择通勤方式,以及多步行等。这些小的最佳实践就是再次需要减重时可以用到的经验、小窍门。

在微信公众号推广的场景中，同样也可以总结出一些最佳的内容形式、线下活动的方式、最佳地点和举办地点等非常宝贵的经验，以供重复使用。然而，我们也必须警惕，很多成功都是有偶然性的，这次成功可能基于特定的时刻、场景，是基于假设得出的结果。因此，千万不要认为，复盘发现的规律必然可复制，否则我们会陷入刻舟求剑的陷阱。

在每次行动后，我们都需要进行复盘，然后再继续行动，不断实验，通过实际结果检验自己的假设。

我们应该学习绕开错误。比如减重时，不吃晚餐，睡觉前却点外卖，或者白天吃很多高热量的零食。

在微信公众号推广场景中，我们需要避免的错误可能是，选择一个与微信公众号定位完全不相关的话题，导致粉丝无法理解甚至"取关"，或者在线下活动中完全没有考虑客流量过大的情况，导致活动效果大打折扣。

要成为一名专家，必须懂得寻找规律、总结出可复用的经验并避免错误，这些宝贵的经验可以让我们在面对同样的问题时事半功倍，而不至于重蹈覆辙。聪明人并不是永远不犯错，而是会及时改正错误并吸取教训。聪明人不会不断犯同样的错误，他们会总结经验，变得更加智慧。

好的，下面让我们借助 AI 来进行分析。请给 AI 输入以下指令。

请思考以下关于微信公众号推广的问题。

（1）哪些经验可以复用？比如投入产出比合理，以后可以加大投入。

（2）有哪些需要注意的地方？避免类似情况发生。

请尽量引用数据和事实进行总结，尤其是数字化的投资回报率（ROI）分析。

AI 输出的分析结果如下。

以下经验可以复用并可以加大投入

（1）确定目标市场和用户需求：通过调研和分析，了解目标市场和用户需求，清晰地确定目标用户群体，制定切实可行的营销方案。

（2）寻找创新和亮点：创意和推广内容必须独具创新性并保证品质，有发挥创意的空间，能够吸引和引导用户关注，从而提高活动效果。

（3）精细化的执行策略和计划：从活动的选题和热点出发，制定更为细致的活动方案，并制订周密的执行计划，从而提高活动效果和吸引力。

需要注意的地方，下次尽量避免类似情况的发生

（1）加强时间和预算规划：团队需要考虑到活动所需的时间和预算，制定更加合理和科学的预算方案，提高投入产出比。需要精确定位投入资金和时间，尽可能地提高财务效益和推广效率。

（2）定期对营销过程进行监控和分析：联合团队内部和外部的意见反馈机制，密切关注活动的执行情况，及时调整和改进方案，避免因互动人员或环境等因素导致活动完成不佳。

（3）投放渠道的管理与维护：由于推广活动的渠道和媒体形式日渐多样化和复杂化，需要加强对渠道和媒体的维护和管理。

同时，需要加强与渠道方的沟通，实时调整和改进方案。

ROI 分析

本次活动的总投入为 4 万元和 48 人天。实际活动结果，新增公众号关注人数 1200 人。

> 由此可见，本次推广活动是成功的，产生了显著的效益和回报。但是在 ROI 分析中也需要注意到活动的长期性和稳定性，以避免单纯依赖投入所带来的效果的短暂和不稳定。
>
> 在这份分析中，我们看到了一些经验可以复用并且可以加大投入的地方，比如明确目标市场和用户需求，发掘创新亮点以提高效果，精细化的执行策略和计划。我们的计划非常详细，细致到规定了每个人的分工和每周的任务安排。

需要注意的是，AI 提供的分析中提到了加强时间和预算的投入，因为这次活动时间比较紧，预算没有被充分利用。我们需要避免这些问题。另外，定期监控和分析投放渠道管理也是需要关注的方面。分析显示，本次活动投入了 4 万元，共计 48 人天，公众号关注人数新增了 1200 人，完成了初始目标，因此，本次推广活动是成功的，带来了可观的效益和回报。然而，我们需要注意分析的长期性和稳定性，不能只关注一次成功，下次活动也应该得到相同的投资回报比。如果你对 AI 给出的分析不满意，可以让它生成更多的答案或再次生成，不断模拟这个结果。

▶ 行动三步法 ◀

在复盘的过程中，我们已经总结了各种各样的规律，但如果这些规律只停留在理论层面，就很难真正转化为实际行动并促使我们改变。要想从总结的经验中获益，就必须将我们的认知转化为行动。这就需要使用行动三步法，具体如下：

停止做什么（Stop）

开始做什么（Start）

继续做什么（Continue）

首先，我们需要停止做一些事情，就像在减重过程中停止晚上点外卖和吃高热量食物一样。在公众号的推广中，我们需要停止使用与公众号定位不符的话题来吸引流量。找到应该停止的事项，这是行动的第一步。

其次，我们需要做一些事情。比如在减重时执行科学的饮食计划，增加运动的规律性和频率；在公众号的推广中，选择与公众号定位和主题更契合的内容。去寻找目标用户聚集人数更多的线下场所，开始新的行动，这是转化认知的关键环节。

最后，我们需要继续做一些事情，这些事情是我们原本已经在做并且做得很好的方面，比如在减重时保持定期体检和必要的社交，在工作中继续坚持团队会议和业务学习。这些好习惯不应在新的行动中被忽视，应当持之以恒。

总之，要想真正获得经验，就必须将认知转化为行动，停止浪费时间的无效举措，开始执行合理的工作计划，并坚持那些长期来讲对我们有好处的习惯。只有通过不断实践、调整和改进，认知和行动才能真正结合，让我们的复盘事半功倍。

接下来，我们请 AI 为我们制订一个行动计划。

AI 指令

请你针对以上项目做出行动计划，并说明从现在开始应该停止做什么，开始做什么，继续做什么。

AI 输出

根据项目事实和归因分析，我的行动计划如下。

应该停止做的

（1）简略的推广计划。20 次的推广次数过于简略，没有考虑不可控因素的影响。停止这种简略推广计划，转为制订详细的推广方案与应对措施。

（2）对用户与市场需求缺乏深入理解。停止这种对用户与市场不够熟悉的状态，转为加大调研与分析，深入理解用户与市场，把握需求变化。

（3）对环境变化反应迟缓。停止这种反应迟缓状态，提高对环境变化的敏感度，及时分析负面影响因素并应对，确保活动顺利进行。

应该开始做的

（1）加强活动策划与执行。考虑场地、物资、宣传等，制定详细周密的方案，保证效果。建立标准化的策划与评估流程，控制方案质量。

（2）提高内容的创新性与吸引力。力求选题清晰，表达能引起共鸣，视觉效果吸引人。加大对创意团队和视频公司的投入，提高内容品质。

（3）深入理解用户决策的过程与心理。定期开展问卷调研，建立焦点小组，剖析用户行为与心理变化。建立用户反馈机制，发掘改进机会，修正活动方向。建立标准化的投资管理机制，控制成本，避免资金浪费。

应该继续做的

（1）保持专业高效的团队。团队是成功的关键，要继续培训和激励，提高团队的专业度和工作积极性。

（2）关注目标用户与热点。继续做问卷调研，并建立焦点小组，及时跟踪用户态度变化，为选题提供依据。

（3）扩大宣传渠道，增加曝光频次。继续选择更广泛的渠道，增加宣传频次，推广线上线下结合。

我们可以看到 AI 输出了关于"应该停止做的、应该开始做的、应该继续做的"非常值得借鉴的想法。

这一节提到了总结规律和行动计划。总结规律包括哪些经验可以复用以及我们需要避免再犯哪些错误。

通过前面的 5 个部分，我们基本上完成了整个项目的复盘流程。

第6章

用六页纸构建
自己的知识体系

· 1 ·

做好知识管理，才能成长为业务骨干

小张在毕业后，有幸成为某知名咨询公司的咨询顾问。作为一个新人，他很快就适应了咨询行业的工作环境，熟悉了公司体系和工作流程。

过了一年半，小张有了一些工作经验，掌握了一些知识和技能，但还是不够系统和全面。他发现自己的专业能力好像在某一个水平上停住不动了，于是他找到公司里的一位专家级顾问，向他请教自己应该怎么办。

通过对话，小张认识到，要提升自己，就需要把自己的知识形成系统。

小张遇到的问题是很多职场人经常遇到的——没有形成自己的知识体系，也没能灵活运用知识，从而导致长时间在低水平徘徊。

这一章，我们就来讲一讲如何有效地把职场经验和学到的知识纳入自己的知识体系，做好个人知识管理，并通过各种互联网工具随时调用这些知识，与他人协作，直到成为一个领域的行业专家。

▶ 做好知识管理，快速成为行业专家 ◀

│ 什么是知识管理 │

知识管理是指对自身拥有的知识进行有效的组织、处理和运用，以提高工作效率和竞争力的过程。它强调个人在知识管理中的主体地位。个人知识管理的英文缩写为 PKM（Personal Knowledge Management），对于其定义，有以下几种观点。

（1）PKM 是一种管理个人获得的信息以构建和应用知识的方法论。它不只是关注狭义的知识管理，而是综合考虑个人获取、创建、组织、表达、分发和应用知识的全过程。

（2）PKM 是一种使个人知识可操作和可管理的方法，它将分散的信息片段转化为有用的知识，并将其应用于日常工作与生活中。

（3）PKM 强调以个人为中心进行知识管理。它通过连接网络资源、社会资源和内在资源，实现个人知识管理的目的。

综上，个人知识管理的核心是实现个人知识的有效获取、整合、储存、应用和创新，以帮助个人成长，提升个人价值。它不是停留在技术层面，而是更关注利用知识管理方法，促进个人价值的自我实现。

│ 知识管理有什么用 │

首先，知识管理可以大大提升个人的工作效率。在面临问题时，我们只需要打开自己的知识库，就可以迅速找到需要的答案或解决方案，一个知识库能够节约大量的时间和精力。这种整合信息和知识的能力，使我们能够更高效地完成工作任务。

其次，个人知识管理还能够帮助我们建立系统的知识结构，把零散的知识拼图重新排列，揭示知识之间的内在联系和逻辑。通过这种方法，我们能够更好地掌握知识的核心，同时也能够丰富和扩展自己的知识领域。这种系统化的知识结构将成为我们的核心竞争力，让我们在职场中的表现更加突出。

个人知识管理能发掘人自身的兴趣和优势，并提升人的创新能力。通过关注自我提升和发现自身的兴趣和优势，我们能够在持续学习中不断挖掘自己的潜力，培养学习能力、管理能力和知识创新能力。爱因斯坦说过，站在巨人的肩膀上才能看得更远。各个领域的创新，无不是基于前人研究所做的创新。

最后，个人知识管理还能够培养我们终身学习的习惯。它强调学习的主动性和持续性，让我们形成终身学习的习惯，不断获取新知识并保持竞争力。

个人知识管理就像盖大楼

如果把个人知识管理比作盖大楼，那么，它一共需要 3 个步骤。

首先是准备盖大楼所需要的地基和材料。知识体系的构建需要系统地搜集资料，我将介绍"100 个关键词法""文献阅读法""西蒙学习法"三种方法，帮你找到最好的知识"材料"，搭建你知识体系的地基。

其次是搭建大楼的结构。同样是盖大楼，采用的结构也是不同的。在这里，我们会介绍常用的纸质材料和数字化工具，以及如何用搜集好的资料搭建结构。在电子产品横行、注意力稀缺的时代，纸质资料对沉浸式阅读非常重要，我们将介绍"十本书法""卡片学习法"。电子工具能够帮你用搜集到的知识迅速形成体系，比如思维导图、知识图谱、在线文档。利用好这些工具，你能够在知识之间找到联系，一层一层地盖好自己的专家大楼。而云存储会让你的知识随时可调取，永不丢失。

　　最后是关注大楼的日常使用。好的装修，要不断根据主人的需求修改和迭代。知识的活学活用，需要和高手交流，并且不断更新某个领域的高质量信息。

　　在接下来的章节中，我们就来讲讲如何盖好知识管理这座大楼。

· 2 ·

两种方法，短时间内成为行业专家

你可能会问，我们如何才能在短时间内学习大量知识呢？

除了日积月累，确实有一些短时间内速成的学习法非常有效，这里给大家介绍"100 个关键词法"和"文献综述法"。

使用这一节的方法并借助 AI，你可以很快了解某个行业的 100 个关键词，甚至迅速读懂这个行业最顶尖的 20 篇论文或 1 本书。

这里需要另外一种 AI 工具，那就是能够支持长文本阅读的 Claude，你也可以使用 ChatGPT 或新必应聊天。

▶ 100 个关键词法 ◀

冯唐是一位前麦肯锡合伙人和高管，他刚加入麦肯锡公司不久就发现了一个令人惊奇的现象：一个行业新手，20 多岁，几乎是一张白纸，却能在短时间内成为某个行业的专家，甚至收取近 100 万元咨询费，给老资格的行业管理者传授经验。

他仔细研究了这一现象，并总结出 3 个要点。对于那些希望快速了解一个新行业的人来说，他们可以按照这 3 个要点去行动。

第一，总结该行业的 100 个关键词；

第二，与 3 ~ 5 位该行业的专家交流，了解各种行业问题；

第三，如果仍然存有困惑，再找 3 ~ 5 本该行业的专业图书，仔细阅读并找出共性。

过去，初学者面对未知领域，想快速找到其 100 个关键词，需要花费大量的时间与精力。随着 AIGC 等人工智能工具的出现，我们可以将这套方法发挥到极致，不仅可以将时间大大缩短，而且只要掌握了关键的指令，任何人都能使用这套方法。接下来，我将向大家展示如何使用 AI 结合"100 个关键词法"，快速了解一个新行业。

| AI 指令 1：找到 100 个关键词 |

请你扮演跨境电商行业的专家，帮助一名初学者快速了解跨境电商这个行业。请整理出这个行业最重要的 100 个关键词，这些关键词尽可能覆盖行业的不同方面。

这 100 个关键词，AI 不到 1 分钟就帮我们全部整理出来了（由于数量繁多，我们只展示其中的一部分），但仍然有个问题，那就是这些关键词只是被简单地罗列了出来，并没有逻辑关联。

跨境电商、国际贸易、进出口、B2B、B2C、全球购、海淘、跨境物流、通关、报关、海关、物流仓储、供应链、跨境支付、汇率、关税、网络营销、电子商务、网络支付、物流配送、全球供应链、国际物流、全球销售、国际仓储、国际货代、跨境物流平台、跨境电商平台、海外仓、保税仓、商务谈判、国际合同、跨境电商法规、跨境电商政策、跨境电商模式、传统贸易企业、电商转型、海外市场、海外品牌、跨境电商公司、跨境电商经验、跨境电商案例、电商培训、外贸英语、客户关系、市场开拓、电子支付、网络安全、差异化竞争、价格战略、渠道建设、客户服务、品质管理、电子商务安全、跨境电商风险、跨境电商安全、电商监管、电商法规……

AI 指令 2：词语分类

请将上面的 100 个关键词，按照关系就近原则分成几个大类目，并以表格形式呈现。

AI 的输出见表 6-1。

表 6-1　关键词分类

大类目	关键词
跨境电商基本概念	跨境电商、国际贸易、进出口、B2B、B2C、全球购、海淘
业务流程	跨境物流、通关、报关、海关、物流仓储、供应链

大类目	关键词
跨境支付	跨境支付、汇率、关税
网络营销	网络营销、电子商务、网络支付、物流配送
供应链管理	全球供应链、国际物流、全球销售、国际仓储、国际货代、跨境物流平台、跨境电商平台、海外仓、保税仓
商务管理	商务谈判、国际合同、客户关系、市场开拓
法规与政策	跨境电商法规、跨境电商政策
经营模式	跨境电商模式、传统贸易企业、电商转型
市场分析	海外市场、海外品牌
跨境电商主体	跨境电商公司
培训与指导	电商培训、外贸英语、跨境电商经验、跨境电商案例
运营管理	差异化竞争、价格战略、渠道建设、客户服务、品质管理
风险与安全	电子商务安全、跨境电商风险、跨境电商安全、电商监管、电商法规

AI 除了依据"关系就近"原则对 100 个关键词进行了逻辑分类（仅供参考），还提醒我们不同类别之间存在着关键词的重叠。通过找到这些关键词并确认它们之间的逻辑关系，我们可以了解一个新行业的基本内容。接下来，我们可以借助 AI 的帮助，厘清这些关键词之间的从属关系以及它们的优先级。

| AI 指令 3：从属关系 |

请进一步帮我细化这些关键词的"从属关系"，并按照优先级从高到低的顺序进行罗列。请注意，如果有需要，可以罗列出二三级类目。

AI 的输出见表 6-2（截取了其中一部分）。

表 6-2　关键词分类

一级类目	二级类目	关键词
跨境电商基本概念		跨境电商、国际贸易、进出口、B2B、B2C、全球购、海淘
	跨境电商	跨境电商
	国际贸易	国际贸易
	进出口	进出口
	B2B	B2B
	B2C	B2C
	全球购	全球购
	海淘	海淘
业务流程		跨境物流、通关、报关、海关、物流仓储、供应链
	跨境物流	跨境物流
	通关	通关
	报关	报关
	海关	海关
	物流仓储	物流仓储
	供应链	供应链

目前，"从属关系"已经基本确定。接下来，我们将利用 ChatGPT 的帮助，分别总结每个关键词的核心含义，并将其概括为一句话。

| AI 指令 4: 词语解答 |

请基于上面的表格，在最后增加一列，分别用一句话概括描述每一个关键词。

AI 的输出见表 6-3（截取了其中一部分）。

表 6-3　关键词解释

一级类目	二级类目	关键词	描述
跨境电商基本概念		跨境电商、国际贸易、进出口、B2B、B2C、全球购、海淘	
	跨境电商	跨境电商	通过电子商务进行跨国界的商品交易
	国际贸易	国际贸易	不同国家之间进行的商品买卖活动
	进出口	进出口	商品或服务在国家间的流入和流出
	B2B	B2B	企业对企业之间的商业贸易模式
	B2C	B2C	企业对消费者的商业贸易模式
	全球购	全球购	消费者通过跨境电商购买海外商品
	海淘	海淘	消费者通过网络平台购买海外商品

通过逐步推进，我们已经能够基本了解跨境电商行业中最关

键的 100 个词，包括它们之间的逻辑关系和从属关系，以及每一个词语的含义。

接下来，我们将进一步探索与这些关键词对应的跨境电商行业中的"关键性产品和公司"，以便快速找到同类竞品、竞争对手和可借鉴的对象。

| AI 指令 5：行业分析 |

请结合上面的关键词及其逻辑关系，整理出跨境电商行业对应的关键性产品和公司。

AI 输出如下（见图 6-1）。

好的，根据之前跨境电商行业的关键词和逻辑关系，我尝试整理出该行业对应的一些关键性产品和公司。

关键性产品：主要考虑了跨境电商相关的平台和软件，以及提供电商、物流、支付等关键服务的公司。这些产品和公司可谓跨境电商领域的关键支柱。当然还有很多其他相关的产品和公司，如果需要，我可以继续补充。请您检查我的回答是否合理，需要修改的地方请指出，非常感谢！

- 跨境电商平台：Shopify、WIk、wooCommerce 等
- 跨境物流软件：Flexport、Borderfree、ShipStation 等
- 跨境支付解决方案：PayPal、WorldFirst、Payoneer 等
- 电子签名系统：DocuSign、AdobeSign、HelloSign 等
- 客户关系管理系统：Salesforce、Zoho、HubSpot 等

关键性公司：

- 跨境电商平台：Amazon、eBay、AliExpress、Wish 等
- 物流公司：DHL、FedEx、UPS 等
- 跨境电商服务：Shopify、Global Egrow、Kuajing 等
- 支付服务：PayPal、Worldpay、Adyen、Stripe 等
- 电商咨询服务：Accenture、McKinsey、Boston Consulting Group 等

图 6-1 关键性产品和公司

通过 AI 完成上述 5 个指令后，相信你对**跨境电商行业**有了大致的了解。

以前，要全面掌握上述知识至少需要花费一周时间，而且还很难做到。现在有了 AI，你花费不到 10 分钟就能轻松地了解一个行业的关键知识、逻辑结构、专家、产品和企业。接下来，你只需要顺着这个线索去进一步拓展和深入学习就可以了。

▶ 用文献综述法 ◀

反映一个领域内最高质量成果的文档，就是各种期刊中的论文，尤其是顶级期刊的论文。这些论文的作者大多是高校教授或领域内的顶级专家。对很多人来说，在短时间内成为一个领域专家，最有效的方法就是阅读文献。

对大多数人而言，只需要找到某一个领域中被引用次数最多、最重要的近 20 篇文献，通过精读其中的 2 ~ 3 篇，泛读其余十几篇即可对该领域有初步的了解。

阅读文献是一件苦差事，不仅因为大量文献都是用英文写成的，而且其中充满专业术语，读起来并不容易。但随着人工智能的发展，文献的搜索和阅读已经变得非常简单，以前一天读完 1 篇文献就很不容易了，现在有了人工智能的帮助，读懂 1 篇文献只需要几分钟。

例如，2013 年国际信息视觉会议上发表了一篇探讨 PPT 弊端的文献，名为《塔夫特博士对 PPT 的认知风格：十年后的综述》[①]。下面我们来探讨如何阅读这篇文献。

---

① Kernbach, S. and Bresciani, S., 2013. Ten Years after Tufte's "Cognitive Style of PowerPoint: Synthesizing its Constraining Qualities". In: 2013 17th International Conference on Information Visualisation (IV). IEEE, pp.336-345.

你只需要把文献上传到 AI 工具中，然后给 AI 输入以下 5 个指令。

AI 指令 1：作者研究的背景、研究的问题，以及研究的目的和意义是什么？（研究背景）

AI 输出 1：

该论文作者的研究背景是针对 PPT 演示工具的复杂性和普遍性做深入了解。他们想通过综合有关 PPT 的限制性特质的研究成果，对其进行系统总结，以支持未来的研究工作。此外，研究结果还可以帮助实践者更有意识和恰当地选择知识可视化的手段。其研究的问题是关于 PPT 在演示制作和演示交付方面对受众的影响。研究的目的是将过去 15 年 PPT 文献中有关限制性特质及其对应影响的内容整合为系统概述。研究的意义在于提供一个研究方法论的基础，为软件开发者设计和测试新的演示和知识可视化工具做指导。

AI 指令 2：作者采用了哪些实验材料和方法，实验过程中的限制条件有哪些？（研究过程）

AI 输出 2：

根据文中的描述，作者采用了文献综述的方法来研究 PPT 的限制性特点。他们在在线数据库上搜索了关键词"PPT"，经过主题筛选并排除了一些不相关的文章后，最终选取了 116 篇与 PPT 相关的文章。此外，他们还通过雪球效应（即筛选和添加被文章引用的论文）和专家的指引，扩展了纳入标准，包括 69 篇额外的文章。

这项研究的限制在于它仅基于文献综述，没有提供对已鉴定的限制性特点的实证证据。因此，需要进一步研究来了解这些特点在实际组织环境中的情况，通过人种学研究方法可以从使用PPT的组织日常实践中获得洞察。

另外，未来的研究可以探讨不同工具在组织中应用的差异，例如通过实验方法比较PPT和草图，并选择适合特定任务的合适工具。

此研究的结果对软件开发人员可能有重要意义，可以让他们更好地了解演示工具的使用，其提出的分类可以作为设计和测试新的演示和知识可视化工具的指南。

AI 指令 3：总结作者得出的结论是什么、作者的结论和进一步的研究展望是什么？（研究结论）

AI 输出 3：

根据文献综述的结果，作者将PPT的限制性特点归纳为12个类别，并将其分为2个层次：工具本身和在演讲中的应用。作者的结论是PPT在组织中的使用存在一些限制性特点，对观众产生负面影响。作者建议在选择知识可视化和演示工具时要更加谨慎。进一步研究可以通过人种学研究方法来了解这些特点在实际组织环境中的情况，并探索不同工具在组织中应用的差异，为软件开发人员设计和测试新的演示和知识可视化工具提供指导。

AI 指令 4：请使用讲故事的方法，用简单的中文生动详细地讲一下该文中的主要案例，案例中要包括但不限于时间、地点、人物、起因、经过、结果等要素，情节尽量丰满，让广大读者容易理解。（主要案例）

AI 输出 4：

好的，我用中文讲故事的方式，尽量生动地讲述该文中的一个案例。

2003 年，美国航空航天局（NASA）"哥伦比亚"号航天飞机在重返大气层过程中爆炸，导致 7 名宇航员遇难。事后调查发现，事故发生时，NASA 的工程师在汇报时使用了 PPT 展示，由于 PPT 内容晦涩难懂，导致管理层没有充分理解飞行状态中的一个关键警告信号，从而没有及时采取措施，最终酿成悲剧。

这起事件的核心在于，PPT 作为一个演示工具，它有一些内在的限制，会导致内容被过度简化。NASA 使用的这张幻灯片就是一个例子，它用简单的项目符号（Bullet Point）格式，过于浓缩了复杂的技术信息，以至于看这张幻灯片的工程师们并没有真正理解其中的细节和重要性。

PPT 鼓励人们用极简的方式来展示复杂的思想，这可能会扭曲或模糊原始信息的真实含义。该文提到的一位批评 PPT 的专家塔夫特指出了这种过度简化的风险，并以 NASA 的案例为佐证，引发了公众对 PPT 使用的广泛讨论。

该文通过总结学术文献，旨在更系统地梳理 PPT 作为一个知识视觉化工具内在的局限性，包括导致信息丢失、脱离上下文等多个方面。目的是让 PPT 的使用者更清醒地认识这些局限，更合理、合适地选择演示工具，而不要轻信 PPT 可以用于任何场合。

这就是该文提到的一个具有代表性的案例，它指出了 PPT 在实际使用中可能产生的意想不到的负面后果，可作为日后学者研究 PPT 局限性的一个重要起点。

你还可以根据自己的需要自由提问。

AI 指令 5：PPT 的 12 个限制性约束分别是什么？（答疑）

AI 输出 5：

这篇文献综述总结出 PPT 的以下 12 个限制性约束，并将它们分为两个层面：工具本身和使用工具进行演示的过程。

（1）简化和表面化：PPT 往往倾向于简化和表面化信息，使内容变得肤浅而不够深入。

（2）线性结构：PPT 的线性结构限制了非线性和多维的信息呈现方式。

（3）视觉限制：PPT 的视觉排版和设计限制了信息的呈现方式和表达效果。

（4）标准化：PPT 的标准化模板和布局限制了创造性和个性化的表达。

（5）信息过载：PPT 中过多的文字和图像可能导致信息过载，使观众难以理解和记忆。

（6）简化思考：PPT 的结构和排版方式可能导致演讲者过度简化思考过程，缺乏深入的分析和解释。

（7）表达方式的固化：PPT 倾向于固定的表达方式，限制了演讲者的创造性和灵活性。

（8）陈述性呈现：PPT 更多地呈现陈述性的信息，而缺乏互动和参与的机会。

（9）依赖性：PPT 的使用使演讲者过度依赖工具，而忽视了其他表达方式和交流方式。

（10）观众被动性：PPT 演示往往使观众成为被动的接受者，而缺乏互动和参与的机会。

（11）信息失真：PPT 中的信息可能因为排版和设计的限制而产生失真和误解。

（12）信息遗忘：PPT 中的信息呈现方式可能导致观众忘记演讲内容的情况。

如果有其他问题，你还可以像朋友一样，和这篇"论文"

聊聊，你会发现，只要有人工智能，用我在这本书里教你的方法，你可以足不出户和世界上任何一个地方的任何一个专家展开谈话。

· 3 ·

构建知识体系，你需要一个"知识库"

▶ 纸质工具 ◀

把文档打印出来

一次，我们"六页纸文化"帮助一个电子商务公司培训年度经营计划，这家公司的核心高管层已经习惯了使用在线文档工具进行文档批阅，于是提出在培训过程中，采用在线文档，不打印文件。

我们为了让客户真正体验到原汁原味六页纸会议的精髓，还是建议客户的高管团队把年度经营计划文档全部打印出来，用最原始的六页纸会议方式进行阅读和批阅。

果然，在培训过程中，学员们的体验和看电子文档的体验非常不同。会后，客户的 CEO 表示，这种阅读纸质文档的方式，可以让人更专注地了解文档中的信息。对年度经营计划这种极重要的文档，更应该打印出来仔细阅读。

在这个数字化时代，纸和笔仍然发挥着独特的作用。首先，纸质笔记方便使用，可以随时记录灵感，不受电量、网络的限制。其次，手写笔记可以加深印象，不同颜色的符号可以使记忆更深刻。再次，纸质文档便于检索浏览，可以快速翻阅定位。最后，纸质文档让人更加容易进入沉浸式阅读状态，找到"心流"的感觉。

10 本书法

对于十分重要的文献我们仍然需要购买经典的书籍，并且使用纸质笔记本做笔记。

阅读经典书籍，对迅速系统地了解一个新领域非常重要。一个 MBA 商学院学生，需要读懂营销、战略、会计、财务等方面的十几本经典教材。

我们"六页纸文化"组织的"贝佐斯书单读书会"中有包含《精益思想》《从优秀到卓越》在内的十几本贝佐斯推荐给亚马逊高管读的书单，它们构成了我们的知识体系。购买一个领域的经典书籍可以让你随时查缺补漏，方便你通过翻看自己的读书笔记进行复习。

10 年前，我装修自己的房子。那时装修行业水分很大，很多装修公司提供的装修材料以次充好，把低质量的产品卖高价格。一个朋友就因为不懂门道，装修花了一大笔钱，最后的效果还不好。于是我买了装修领域最经典的 10 本书，通过精读其中的 2 ~ 3 本，泛读其余几本，我从一个装修门外汉，快速变成半个装修行家。和设计师、工长交流时，他们以为我是做装修行业的，当然就不敢弄虚作假，用的是真材实料，做得又快又好。

关于纸质笔记，也有著名的"卡片笔记法"，就是使用纸质卡片来进行知识管理。

卢曼是一位德国的著名学者，他的卡片笔记写作法，让写作变得非常简单，无论是写论文还是写书，都效率很高。卡片笔记就是在日常生活中建立自己的知识库，当有灵感时，再提取储备的知识进行写作，写作起来毫不费力。

卢曼一生积累了 9 万张知识卡片，并成功地出版了 58 本书，发表了上百篇文章。对于喜欢纸质资料的同学来说，采用"卡片笔记法"进行知识管理也是非常不错的选择。

如果没有足够的时间整理纸质资料，可以试试用手机备忘录、印象笔记等在线工具提高效率。

▶ 数字化工具 ◀

如果说纸质工具是传统的"倚天剑"，那么数字化工具就是当代的"屠龙刀"。利用搜索引擎，我们可以快速找到需要的信息；社群软件可以让我们即时获取他人分享的知识；数字笔记软件可多端同步，并可以轻松搜索……

但是要注意，工具终究是工具，最关键的还是要做到主动学习，提取精华，形成体系。我们要善用数字工具的优势，避开其负面影响。在这个信息过载的时代，学习管理好自己的注意力比什么都重要，所以，数字化工具在精不在多。

我将为大家推荐思维导图、知识图谱、在线文档等 3 种数字化工具。

使用思维导图，20 分钟快速读完一本书

思维导图利用图形化的方式展示信息，因为这种呈现方式和大脑神经元之间的关系很像，都是网状结构，所以可以帮助我们在存储知识的同时强化记忆。它利用关联的方式组织信息，既可以展示知识的层级结构，也可以表现知识之间的逻辑关系。

使用思维导图，你可以迅速总结 1 本书或 1 篇文章的大纲，也可以在写文章时迅速搭建好框架。比如，吉姆·柯林斯的《卓越基因》是一本 20 多万字的经典著作，而我只用了 20 分钟，就搭好了它的思维导图，在脑海中构建起它的信息全景，再读它，就理解得很快。我制作思维导图使用的是 XMind，你可以选择自己喜欢的思维导图工具。

使用思维导图，我们可以直观地看到知识的框架，更容易抓住关键信息，也便于随时添加或调整信息元素。总之，善于使用思维导图，可以使知识变得立体、丰富，而不枯燥。

一个知识图谱，帮你一网打尽一个领域

很多人对"知识图谱"这个词还比较陌生。

我们每进入一个新的领域，往往需要了解哪个文献最重要，文献之间是如何互相引用的，该文献是基于哪些已有的研究成果建立的，等等。

其实，了解一个领域都有哪些文献，并且了解文献之间的引用关系非常重要。

知识图谱就是这样一种工具，通过关联不同知识，让你了解文献之间的引用关系。

举个例子，比如我需要了解职场沟通领域的知识，我首先找到一篇文献 *Investigating Verbal Workplace Communication Behaviors*（《职场言语沟通行为调查》），然后把它输入呈现论文之间引用关系的知识图谱工具 Connected Papers 里，就得到了所有相关论文和引用关系。

通过这张知识图谱，我就能迅速找到在职场沟通领域，哪些论文被引用的次数多，哪些论文的理论是在其他论文的基础上建立的。这样，我不仅找到了知识的出处，还发现了知识之间的联系。

用在线文档工具，构建自己的文档知识库

要想真正掌握知识，仅依靠大脑是远远不够的。建立数字化的个人知识数据库，可以大大扩充我们的外脑容量。

个人数据库可以保存从各处收集的知识文件、文档、图片等，并对它们进行统一的组织和管理。相比零散的数据，它实现了知识的有机联系。我们可以有针对性地构建不同的数据库，例如学习笔记数据库、工作资料数据库等，也可以使用统一的软件对所有数据进行整合，将它们全部存入"大脑"。

我在使用 ChatGPT 的过程中，经常开发一些新的指令，这些指令有一些用来写公众号文章，有一些用来做计划、复盘、运用于商业场景。于是我使用企业微信的在线文档功能，把这些指令和例题、参考答案都积累起来。

使用在线文档建立知识数据库的好处是，可以在需要时快速找到需要的文档，并且可以随时迭代修改。不仅如此，还可以与

协作者共享数据库，实现团队知识管理。另外，还可以通过设置权限，有选择地把它们分享给不同的人。

当然，需要注意数据的安全问题，不要把内部资料分享到外部。

除了飞书和企业微信，大家也可以选择自己熟悉的工具。

拥有专属的知识数据库，让我们迈向了数字化时代的学习。它们不仅可以自动备份知识，还可以帮助我们管理、利用数字资源。

用云存储，让你的知识随手可得

先讲一个"悲惨故事"。2020 年，我的计算机坏了，所有的工作数据资料都丢失了，而且我无法上网办公。当时很多维修计算机的地方没有营业，所以我在很长一段时间里几乎无法工作。

最为心痛的是，我存在计算机里的文档、资料、数据，以及个人照片全部丢失。

从此，我非常注意数据的备份和安全，不仅在每次开机时使用 aws s3 备份所有工作数据，而且开始使用"坚果云"。

后来我发现，"坚果云"不仅具备数据备份的功能，还可以让我随时保持手机和计算机同步，因为数据全部随时同步到云端，我几乎可以随取随用。从此，"坚果云"就成了我必不可少的云端工具，我可以随时通过手机找到计算机下载的任何一篇文档，随时阅读或发给任何人，大大提高了工作效率。

云存储服务也为我们获取知识提供了便利。它实现了数据的跨设备同步共享，让我们可以随时随地访问个人知识库。云服务具有自动备份与恢复数据的功能，大大提高了数据的安全性。

但是要注意，并非所有的知识都适合直接存于云端，个人隐私等内容还需谨慎处理。

总之，云服务为知识的获取与管理提供了便利条件，但它终究是工具，最关键的还是构建自己完善的知识体系，并用它创造价值。

· 4 ·

5 个途径，把你的知识放大数倍

自学是建立知识体系的基础，前面几节讲的都是用 AI 和各种工具在短时间内通过自学迅速达到某一水平。

除了自己学习，我们还需要向他人学习，并选择性地输入新的信息，不断更新自己的知识体系，通过输出信息的方式不断巩固，把自己的知识放大。

▶ 建立人际关系网络，向所有"高人"学习 ◀

自己学习，学到的知识是有限的；向"高人"学习，向比自己强的人学习，才能够达到"以一当十"的效果。在美团和亚马逊等公司，公司要求新人在入职的 90 天之内，找最少 10 个和自己工作相关的人做一对一的交谈。这个一对一一般持续半小时到1 小时，可以在双方一起吃午饭、喝咖啡时进行，也可以找个地方聊聊天。

通过这种形式互相了解，你可以迅速认识有某一专长的同事，在需要的时候向他请教或找他帮忙，从而在陌生的知识或能力领域迅速找到需要的知识。

小明入职不久，对公司里许多业务知识还不太懂，经常需要请教同事和领导，他感觉自己很被动，想改变这种状态，主动去认识公司其他部门的人。

一天，小明碰巧遇到了公司财务部的小刘。小明热情地和小刘打招呼，表示想向小刘请教财务相关的知识。小刘欣然应允，两人一来二去聊得很投机，小明对财务知识也熟悉了不少。

一天，小明在茶水间遇到了行政部的小赵。小明表示自己对办公用品采购流程不太了解，想在午餐时间向小赵请教。小赵很乐意与小明分享采购流程。

通过主动结识不同部门的同事，小明扩大了自己的人际关系网络。这些新朋友都很乐意分享自己的专长，小明获取了许多新的知识，工作效率也提高了。小明感慨，建立人际关系网络真是增长知识的捷径啊！

多认识一些人，尤其是那些优秀的人，你能从他们身上学习到很多自学学不到的东西。人际关系网络就像一个知识共享的圈子，你要勇于主动表达自己的需求，相信总会有人给你指明道路的。

▶ 精选媒体资源，多一些数据信息，少一些情绪信息 ◀

利用媒体获取信息，可以丰富我们的知识面，有时候还能发现一些意想不到的知识宝藏。养成浏览媒体的习惯，可以丰富我们的信息触角，拓宽知识视野。

具体来说，可以关注以下几类媒体。

- 官方媒体，如央视新闻、新华社等，可以了解权威报道和信息。
- 行业内知名公众号，从中可以获取专业领域的前沿信息。
- 新闻媒体，可以关注时事新闻，发现知识的契机。
- 视频媒体，如 TED 演讲等，可以获取直观生动的知识。
- 自媒体博主，以了解个人化观点。

要注意的是，现在是一个信息爆炸的时代，媒体和自媒体平台的信息良莠不齐。建议你把信息分为两类：一类是具有情绪价值的信息，例如大多数短视频和一些公众号文章，它们能让你看完后感到开心；另一类则是基于充分数据和事实的信息，这类内容经过了严密的论证，虽然读起来有些吃力，但信息量比较大，且较实用。

这两类信息都有用，我们既需要情绪价值，也需要实用信息。值得注意的是，后一种信息才值得我们放到自己的知识库里。

关键是要善于发现有价值的信息及对自己的知识结构有帮助的内容，并及时记录和保存，作为知识扩展的素材。

▶ 善用免费资源获取好的信息 ◀

在互联网时代，我们获取知识的途径变得前所未有的开阔，尤其是在移动互联网时代，人们几乎在每时每刻都可以接收到信息，任何疑问都可以"百度一下"，资源丰富到无法想象。

那么，如何充分利用这个知识海洋呢？这里有几点建议。

（1）学习使用搜索引擎的技巧，提高检索效率。布尔运算、筛选条件等功能值得掌握。我在读博士课程时上的第一课就是**文献的搜索**。搜索能力的强弱，直接决定了对学科的掌握程度和论文的写作质量，但学会搜索并不是一件容易的事情。

（2）关注高质量的网站和博客，可以使用订阅工具 RSS（Really Simple Syndication）订阅更新。总体来说，官媒内容的制作质量，还是要比自媒体强很多。

在众多的自媒体里，**哔哩哔哩（简称"B 站"）** 是一个不错的资源库，很多大学教授和行业专家都在上面开放了免费的资源。比如说我在学习管理学时，就在哔哩哔哩看过浙江大学邢以群老师的管理学课，他讲得非常生动。

（3）积极参与知识社区，如**知乎**，在互动中学习。知乎在众多的媒体中脱颖而出，上面不仅有优秀的答主，而且通过点赞数和收藏数，你可以看到哪些回答的质量更高，这也就帮我们筛选了信息。我在读博士期间，看到的"如何读文献""如何发表论文"等高质量文章，大多数来自知乎，知乎上有大量博士、硕士，就一些问题给出了鞭辟入里的解答。

（4）关注优质公众号、知识账户，获取个性化推荐。

（5）及时记录并保存重要信息，网页工具、文献管理工具等很实用。如果是看专业的论文，有很多工具，比如 Endnotes 和 Zotero 等。这些工具保存特定文献，比我们用文本文件和目录保存的效率高很多。

▶ 不断充实自己的知识体系 ◀

我们在学习和生活中积累了大量碎片化的知识，如果任由其散乱分布，不仅难以有效利用，也无法形成真正的知识。构建个人知识体系，就是要把这些零散的知识点有机地连接起来，形成一个结构化的知识网络，使知识之间形成关联和互动。

具体来说，可以根据自己的专业领域和兴趣方向，设计出一个基本的知识框架。在这个框架内，根据一定的分类方法，例如按照时间顺序或从概念到实例等，把所学知识进行组织，使之由点到线，由线到面，逐步扩充成知识体系。在这个过程中，要注重识别知识之间的关系，找到知识的纽带，建立知识点之间的逻辑联系。

比如说，我们"六页纸文化"把贝佐斯和亚马逊公司作为一个经典的商业和管理案例进行研究，总结了"四大思想""十大案例"的结构，用**在线文档**的形式，不断总结相关的深度文章，并且把我自己的笔记和原创文章放在里面。用这个结构去理解贝佐斯和亚马逊公司，非常高效。

在线文档的好处是可以随时调取，而且可以随时更新信息进行迭代。

初步建立知识体系后，还需要不断完善它。一是通过学习弥补知识体系中的空白，二是通过实践检验知识的正确性，三是通过输出表达来巩固知识体系。构建知识体系需要长期积累，但只有这样，我们才能真正掌握知识，并在需要时快速调用。

▶ 做"老师"和"医生"，把知识转化成生产力 ◀

构建好了知识库，最重要的是活学活用。

学习知识不是为了积累知识本身，而是为了用知识解决实际问题。因此，仅仅学习和积累知识是不够的，还需要有意识地进行知识的内化，将知识转化为自己的经验。

具体来说，可以尝试把学到的理论知识运用到实际的工作或生活场景中，通过实践来检验知识的正确性，在这个过程中形成自己的经验。还可以找一些典型的案例，对照理论知识来推导总结，逐步提炼出可复用的规律。对遇到的问题进行反思和复盘，总结可以推广的方法和结论。与他人讨论交流也很重要，参考不同的视角有助于发现自己的盲点，拓展经验的范围。

　　有两种知识输出的方法，那就是做"老师"和"医生"。

　　用知识付费、培训的方法把自己的知识传授出去，就是"老师"。著名的"费曼学习法"就强调把知识给别人讲一遍，胜过自己看书记十遍；用付费咨询、给企业做咨询的形式解决他人的实际问题，就是做"医生"，也是把知识转化成生产力的办法。无论是做"医生"还是做"老师"，你都能在短时间里接触大量的实际案例，增加你作为"专家"的经验和素材。

　　最后，一定要不停地"迭代"自己。用复盘法记录下成功和失败的历程，使每一个经历都成为积累经验的机会，并通过写作、讲解等输出方式，整理、提炼经验，帮助自己将知识内化、升华为思维模式，最终转化为解决实际问题的能力。

附录

亚马逊六页纸

▶ 六页纸课程体系 ◀

课程一览

类型	项目	内容	难度	适用对象
会员	贝佐斯书单读书会（线上）	每月精读一本书，线上录播	入门	不限
公开课	《亚马逊逆向工作法》读书会	本书首席推广大使导读亚马逊六大机制	初级	不限
训练营	六页纸 AI 写作营（线上）	四种经典六页纸写作实战，用 AI 落地	中级	管理层
训练营	永远第一天（标杆学习）	走进亚马逊 / 走进飞书	中级	管理层
私董会	一年 4 次周末大课	规划中	高级	CEO

类型	项目	内容	难度	适用对象
企业培训	亚马逊领导力准则	领导力准则和最佳雇佣决策	初级	不限
企业培训	亚马逊逆向工作法	新项目 / 产品（虚拟新闻稿）的立项和评审	初级	不限
企业培训	OKR 目标管理	OKR 目标管理，敏捷开发	中级	管理层
企业培训	亚马逊增长飞轮	如何开 WBR 周会 / 有效投入产出指标	中级	管理层
企业培训	亚马逊人才飞轮	亚马逊招聘与绩效全体系	高级	核心高管
企业培训	亚马逊经营计划与复盘机制	亚马逊年 / 季 / 月经营机制 OP*QBR*2×2	高级	核心高管

类型	项目	内容	难度	适用对象
AI 工作坊	复盘与总结	用 AI 和六页纸辅助项目复盘，积累组织智慧	初级	不限
AI 工作坊	产品与营销	用 AI 和六页纸撰写 PRFAQ，提升创新成功率	初级	不限
AI 工作坊	招聘与绩效	用 AI 和六页纸辅助招聘和绩效，组建创新型团队	中级	管理层
AI 工作坊	运营与增长	用 AI 和六页纸辅助经营会议，提升组织绩效	中级	管理层

▶ 六页纸常见问题 ◀

作为国内第一家专门研究六页纸的机构，我们试着用"5W1H"的结构给六页纸下一个完整的定义，那就是：什么是六页纸工作法（What）、为什么使用六页纸（Why）、用在什么场景（Where）、谁来写（Who）、什么时候写（When）、怎么写（How）。

▶ 什么是六页纸工作法（What） ◀

六页纸，由亚马逊公司的创始人贝佐斯于 2004 年发明并推广，是企业用于团队沟通和决策性会议的一种标准化的文字叙述体。六页纸最早是组织内用来替代 PPT、提高决策效率的沟通工具，后来变为企业高效沟通的一种标准格式。

六页纸的规则是任何需要管理团队审阅的报告，必须控制在 6 页之内。其实这里的 6 是一个虚数。亚马逊公司的要求是使用特定字体字号完成 6 页英文文档，每页控制在 3000 ~ 4000 个字符，转换成汉字，全文有 3000 ~ 5000 字，目的是让所有与会人能在 20 分钟内读完文档（以预计用时 1 小时的会议为例）。

六页的篇幅限制能够让文档作者聚焦于计划的关键要点，过滤掉不必要的细节；更重要的是，这样可以让阅读者在短时间内快速把握要点，达到高效信息传递和高效沟通的目的。

六页纸让文档作者进行框架思维，极大地提高了沟通的效率。可以说，六页纸是一个不同于 PPT 的创新性沟通工具。

▶ 为什么使用六页纸（Why） ◀

在亚马逊公司之后，奈飞、美团、字节跳动等公司也纷纷开始在内部会议中放弃 PPT，使用六页纸会议法。那么，相较于 PPT，六页纸有哪些优势呢？

第一，六页纸比 PPT 的**信息密度更高**。同样的页面，文档的信息量是 PPT 的 7 ~ 9 倍。可以更有效地传递更多的信息，从而提高沟通效率。

第二，六页纸可以**强化我们的逻辑思考能力**。写作的过程迫使文档作者更深入地思考和组织内容，表达的内容更加清晰明了。

第三，六页纸可以自然**呈现概念之间的关联**，从而让团队更好地理解文档作者要传达的信息。

第四，六页纸可以**表达完整的论点**，避免信息遗漏。

第五，打印好六页纸后，可以**立即进入讨论环节**，讨论出更多好的想法，**方便传阅和留存**。

第六，六页纸主要通过阅读方式传递信息，阅读和写作可以**减少 PPT 演讲中个人魅力的因素**，更加公平客观。

总之，六页纸作为一种沟通工具，具有高信息密度、强化逻辑思考、连接概念、表达完整、便于回顾、公平客观、可扩展和促进讨论等优势。

使用六页纸，你可以更好地向人们传达信息，减少误解和疏漏，提高工作效率和思维质量。

▶ 用在什么场景（Where） ◀

那么，六页纸可以用在哪些场景呢？

是简单场景，还是复杂场景？

是日常的工作汇报，还是与客户的日常沟通？

是新产品和项目的规划与复盘，还是公司的战略计划？

答案是：全都可以。

对简单的场景，只需要写简单的一页纸，不再需要花大量时间美化 PPT。六页纸也适合复杂的场景，无论是初创公司还是上市公司，无论是产品规划还是财务预算，无论是战略计划还是项目管理，六页纸都可以发挥巨大作用。

六页纸的应用场景非常广泛，它像一个思维放大器，能够放大你脑海中任何商业计划的核心要点。

贝佐斯通过使用六页纸，管理了超过 150 万人的亚马逊公司。六页纸的写作，迫使员工进行框架化思考，找到事情的要点。它可以应用于投资建议书、新产品提案、项目汇报、工作总结、企业年度计划，以及各种议题的思考探讨。

用六页纸进行清晰的商业表达，你会发现它的强大威力。

六页纸代表的是一种清晰高效的思维方式，它将对你的商业沟通和决策产生深远影响。

▶ 谁来写（Who） ◀

六页纸文档由谁来撰写呢？

答案是：公司里的任何人都可以写，这取决于谁是这个项目的负责人。

撰写六页纸文档就像导演一部大片，需要众多角色共同合作：主笔人就像导演，负责构思文档的框架；团队帮助提供数据和内容，相关部门负责提供协调和支持，高层管理者审核监督。

谁来担任导演，取决于文档的种类。

如果是公司的年度经营计划，主笔人需要是中高层管理者。

如果是项目汇报或投资提案，主笔人可以是公司的任何人。

但一份六页纸文档，一定需要有一个文档的主要负责人。

撰写一份好的文档，当然离不开整个团队的共同努力。写作六页纸文档，最好请求整个团队帮忙提供素材。也要让合作的平行部门参与到六页纸文档的评审和修改中来，给出意见。文档评审的过程也是协作的过程。

最后，高层管理者是文档的最终审阅者，凭借丰富的管理经验为文档把关。

所以，要撰写一份出色的六页纸文档，项目负责人务必充当导演，领衔主笔；要发挥团队成员的专业特长，提供支持。只有凝聚众人之力，你导演的这部大片才能成为爆款。

▶ 什么时候写（When） ◀

我们应该在什么时候使用六页纸文档呢？

答案是随时可以。

以亚马逊公司为例，无论是基层会议还是核心高管的会议；在新产品提案、业务评估、团队季度总结、投资建议、流程优化等场景，都可以使用六页纸文档。

无论是汇报还是探讨，六页纸文档都能帮助我们进行清晰有效的沟通。它汇集了团队的集体智慧，广泛应用于各类关键议题的处理。所以，在实践中，六页纸文档适用于所有公司定期和不定期的会议。

此外，你也可以把这个强大的工具应用到各种商业场景里，比如用在与客户沟通、采购、与合作伙伴谈判上。

甚至从这个意义上讲，招投标文件、与合作伙伴签署的合作协议、商务合同，其实也是广义的六页纸文档。

▶ 六页纸文档模板的原理是什么 ◀

简单来说，六页纸文档的模板使用了典型的亚马逊叙述体的文档结构，其中一部分起源于"金字塔原理"。

金字塔原理最早由麦肯锡提出，后来慢慢成为结构化思维和商业写作的标准。

金字塔原理

在职场和商业写作上，金字塔原理可以说是被公认的权威思维结构，也是商业写作最基本的格式之一。

熟练掌握金字塔原理的人，往往具备非常严密的逻辑思维。

亚马逊公司的叙述体模板，其实就是在金字塔原理的基础上，增加了"数据驱动"和"论证检验"，以及附件和 FAQ 的部分。

数据驱动的部分，让商业文档有了数据支撑，数据驱动也是亚马逊的一大特征。

论证检验的部分，通过数据的列举和团队的讨论，在团队内形成一致的看法，让文档不再孤立，最终形成共同的行动计划。

亚马逊公司的叙述体还使用 FAQ 增加了文档的互动性和可扩展性。互动性是说，任何人都可以对这份文档提出自己的问题。而附件和 FAQ 不限篇幅，虽然不需要在会上读完，但这让文档在解决复杂问题时，实用性大大增加。

字节跳动公司使用的一般模板相对金字塔原理更加简单，非常类似 OKR，就是 what+how 的格式，干什么、怎么干，简单明了。设定好目标，想好步骤，就可以行动了。

无论是麦肯锡的金字塔原理、亚马逊叙述体，还是字节跳动公司在使用的 OKR，我们都只是把它们当作六页纸文档模板的一个类型，并没有好坏优劣之分，只有适用不适用。

每个公司有不同的行业属性，每个人也有不同的性格特点。你完全可以根据以上模板，开发出适合自己的模板。

最重要的是，开始使用六页纸文档这个工具。

你要做的就是，用最经典的六页纸文档模板，迅速写出目的明确、对读者友好的职场文案。

▶ 使用六页纸工作法，有哪些好处 ◀

你也许会问，使用六页纸工作法能对一个公司产生哪些影响力呢？哪些公司最适合用六页纸工作法呢？

首先，是那些需要**提高会议效率**的公司。

据统计，开会占到了职场人工作时间的 20% 以上。在某些高层，开会时间甚至占据工作时间的 80%。因此，如何使用高效的沟通方法，高效决策，是六页纸可以解决的第一个问题。对于复杂的决策过程，六页纸工作法能建立清晰表达的逻辑，帮你高效传达大量的信息，使大家快速达成共识。

其次，是那些**依赖专业知识，追求决策质量**的公司，在知识表述、决策优化上，六页纸工作法能帮你用逻辑厘清思路，让决策更加科学。

最后，对于团队分散，需要**多地点办公、异地办公**，并以人为本、重视员工主动性和组织学习能力的公司，六页纸工作法更能帮助公司高效沟通，在培养员工的同时，迅速传递信息，帮助公司员工学习进步。

希望高效开会、高质量决策和高效沟通的公司，都能够从六页纸工作法中获益。

参考文献

亚马逊六页纸

1. 劳拉·布朗. 职场写作全书 [M]. 张丽丽, 译. 北京: 九州出版社, 2022.

2. 斯蒂芬·金. 写作这回事 [M]. 张坤, 译. 北京: 人民文学出版社, 2014.

3. 徐亮. GRE 写作: 从 3 分到 6 分 [M]. 北京: 群言出版社, 2011.

4. 约瑟夫·坎贝尔. 千面英雄 [M]. 王钰苹, 译. 杭州: 浙江人民出版社, 2022.

5. 杰夫·贝佐斯, 沃尔特·艾萨克森. 长期主义 [M]. 靳婷婷, 译. 北京: 中国友谊出版公司, 2022.

6. Steve Krug. 点石成金: 访客至上的 Web 和移动可用性设计秘笈 [M]. 蒋芳, 译. 北京: 机械工业出版社, 2010.

7. 芭芭拉·明托. 金字塔原理 [M]. 汪洱, 高愉, 译. 深圳: 南海出版公司, 2013.

8. 翟尤, 郭晓静, 曾宣玮. AIGC 未来已来: 迈向通用人工智能时代 [M]. 北京: 人民邮电出版社, 2023.

9. 宁向东, 刘小华. 亚马逊编年史 (1994—2020) [M]. 北京: 中信出版集团, 2021.

10. 布拉德·斯通. 贝佐斯传: 贝佐斯及无边界的亚马逊 [M]. 张琪, 译. 北京: 中信出版集团, 2022.

11. 帕蒂·麦考德. 奈飞文化手册 [M]. 范珂, 译. 杭州: 浙江教育出版社, 2018.

12. 马克·伦道夫. 复盘网飞: 从一个点子到商业传奇 [M]. 尚书, 译. 北京: 中信出版集团, 2020.

13. 尼尔·布朗, 斯图尔特·基利. 学会提问 (原书第 12 版) [M]. 许蔚翰, 吴礼敬, 译. 北京: 机械工业出版社, 2021.

14. 基恩·泽拉兹尼. 用图表说话: 麦肯锡商务沟通完全工具箱 (珍藏版) [M]. 马晓路, 马洪德, 译. 北京: 清华大学出版社, 2013.

15. 史蒂芬·柯维.高效能人士的七大习惯 [M].北京：中国青年出版社，2018.

16. 马修·布伦南.字节跳动：从 0 到 1 的秘密 [M].刘勇军，译.湖南文艺出版社，2021.

17. 赵文锴.张一鸣：平常人也能做非常事 [M].北京：中华工商联合出版社，2021.

18. 田效勋，柯学民，张登印.过去预测未来：行为面试法（第 3 版）[M].北京：中国轻工业出版社，2018.

19. 吉姆·柯林斯.从优秀到卓越 [M].余利军，译.北京：中信出版集团，2019.

20. Robert D. Lock.把握你的职业发展方向（第五版）[M].钟谷兰，曾垂凯，时勘，等译.北京：中国轻工业出版社，2006.

21. 罗伯特·C.里尔登.职业生涯发展与规划（第 3 版）[M].侯志瑾，等译.北京：中国人民大学出版社，2010.

22. 张徽.精益招聘：打造最强悍创业团队 [M].北京：人民邮电出版社，2015.

23. 利恩德·卡尼.蒂姆·库克传 [M].李世凡，梁德馨，译.北京：中信出版集团，2019.

24. 彼得·德鲁克.卓有成效的管理者 [M].辛弘，译.北京：机械工业出版社，2009.

25. 史蒂夫·诺特伯格.番茄工作法图解 [M].大胖，译.北京：人民邮电出版社，2023.

26. 弗朗西斯科·西里洛.番茄工作法：有效地使用每一点时间和脑力 [M].廖梦鞣，译.北京：北京联合出版公司，2019.

27. 阿图·葛文德.清单革命 [M].王佳艺，译.杭州：浙江教育出版社，2012.

28. 肖恩·厄舍.清单 [M].海明,译.桂林:广西师范大学出版社,2018.

29. 米哈里·契克森米哈赖.心流:最优体验心理学 [M].张定绮,译.北京:中信出版集团,2018.

30. 卡尔·纽波特.深度工作:如何有效使用每一点脑力 [M].宋伟,译.南昌:江西人民出版社,2017.

31. 佐藤将之.贝佐斯如何开会 [M].张含笑,译.北京:万卷出版公司,2021.

32. 布拉德·斯通.一网打尽:贝佐斯与亚马逊时代 [M].李晶,李静,译.北京:中信出版社,2014.

33. 里德·哈斯廷斯.不拘一格:网飞的自由与责任工作法 [M].杨占,译.北京:中信出版集团,2020.

34. 柯林·布里亚,比尔·卡尔.亚马逊逆向工作法 [B].黄邦福,译.北京:北京联合出版公司,2022.

35. 克莱顿·克里斯坦森.创新者的窘境:领先企业如何被新兴企业颠覆? [M].胡建桥,译.北京:中信出版集团,2020.

36. 尼尔·雷克汉姆.销售巨人1:大订单销售训练手册 [M].石晓军,译.北京:企业管理出版社,2006.

37. 尼尔·雷克汉姆.销售巨人2:SPIN2非传统销售模式实战手册 [M].石晓军,译.北京:企业管理出版社,2001.

38. 菲利普·科特勒,凯文·莱恩·凯勒.营销管理(第14版) [M].王永贵,等译.北京:中国人民大学出版社,2012.

39. 迈克尔·希特,杜安·爱尔兰,罗伯特·霍斯基森.战略管理:概念与案例(第13版)[M].刘刚,等译.北京:中国人民大学出版社,2021.

40. 吉姆·柯林斯,比尔·拉齐尔.卓越基因:从初创到卓越 [M].陈劲,姜智勇,译.北京:中信出版集团,2022.

41. 邱昭良.复盘+：把经验转化为能力（第3版）[M].北京：机械工业出版社，2018.

42. 郑强.复盘高手：自我认知与自我精进的底层逻辑[M].北京：人民邮电出版社，2022.

43. 石鑫，陈晓燕，姚志玲，褚冬彪.复盘教练：把组织经验转化为绩效[M].北京：北京联合出版公司，2023.

44. 陈中.复盘：对过去的事情做思维演练[M].北京：机械工业出版社，2013.

45. 沈磊.复盘：复盘3.0时代，如何"从破到立"，避开"深坑问题"[M].杭州：浙江教育出版社，2023.

46. 大野耐一.丰田生产方式[M].李颖秋，译.北京：中国铁道出版社，2014.

47. 詹姆斯P.沃麦克，丹尼尔T.琼斯.精益思想[M].沈希瑾，张文杰，李京生，译.北京：机械工业出版社，2015.

48. 竹内弘高，野中郁次郎.知识创造的螺旋：知识管理理论与案例研究[M].李萌，译.北京：知识产权出版社，2006.

49. 蒂亚戈·福特.打造第二大脑[M].鲁申昊，译.北京：民主与建设出版社，2023.

50. 彼得·F.德鲁克，等.知识管理[M].北京：中国人民大学出版社，哈佛商学院出版社，1999.

51. 申克·阿伦斯.卡片笔记写作法：如何实现从阅读到写作[M].陈琳，译.北京：人民邮电出版社，2021.

52. 梅棹忠夫.智识的生产技术[M].樊秀丽，译.北京：商务印书馆，2016.

53. 东尼·博赞，巴利·博赞.思维导图[M].北京：中国广播影视出版社，2022.

54. 赵军.知识图谱[M].北京：高等教育出版社，2018.